PAUL ZSOLNAY VERLAG

GENNADI BOTSCHAROW

Die Erschütterung

Afghanistan - Das Vietnam der Sowjetunion

Aus dem Russischen von Eleonore Lappin
und Natalie Sacharewitsch

PAUL ZSOLNAY VERLAG
WIEN - DARMSTADT

Umschlag und Einband: Angela Hartenstein, Wien unter Verwendung einer Photographie von Vlastimir Shone/Contrast.
Satz: Typographische Anstalt, Wien
Druck und Bindung: May & Co., Darmstadt
Printed in Germany
ISBN 3-552-04216-4

CIP-Titelaufnahme der Deutschen Bibliothek
Bočarov, Gennadij:
Die Erschütterung: Afghanistan - das Vietnam der Sowjetunion/ Gennadi Botscharow, Aus d. Russ. von Eleonore Lappin u. Natalie Sacharewitsch. - Wien; Darmstadt: Zsolnay, 1990
Einheitssacht.: Russkaja ruletka <dt.>
ISBN 3-552-04216-4

Die Erschütterung

Inhalt

„In Afghanistan litt ich ständig unter einem Gefühl der Depression. Besonders stark war dieses Gefühl jedoch vor meinem Abflug nach Kabul, an jenem Silvesterabend, als ich mit Freunden bei Tisch saß und im Radio der Beschluß durchgegeben wurde, Truppen nach Afghanistan zu entsenden. Damals schien mir, als sähe ich mein Land in einen seltsam dunklen Tunnel eintreten. Ich erlitt damals so etwas wie einen Erstikkungsanfall, was für mich untypisch ist. Das Erschütterndste war aber, daß die meisten sowjetischen Menschen in jenem Augenblick ein ähnliches Gefühl überkam. Natürlich war das bar jeder Bedeutung: Die feierliche Rechtmäßigkeit dieses verhängnisvollen Schritts wurde per Dekret sanktioniert. So blieb es auch im ganzen Verlauf des längsten Krieges Rußlands seit 1813: Das Volk lebte im Unglück, die offiziellen Organe vom Triumph der Doktrin."

(Gennadi Botschorow in einem Interview für die amerikanische Fernsehstation CBS).

Eine Granate für alle

„Da wandte ich mich, zu betrachten die Weisheit und die Tollheit und Torheit. Denn was wird der Mensch tun, der nach dem König kommen wird? Was man schon längst getan hat."

Sprüche Salomonis 2.12

Bericht des Journalisten

Ich kam am 14. Februar am Flughafen von Kabul an. Die Stadt lag im schmutzigen Schnee. An jeder Kreuzung standen Panzer und Mannschaftstransportwagen (MTW): Frierende Soldaten des *Begrenzten Kontingents*[1] in Uniformen der Luftlandetruppen, die Krägen hochgestellt, versuchten, sich an ihren Zigaretten zu wärmen und zählten die Tage, die sie bereits im Ausland verbracht hatten.

Sie kamen auf sechs Wochen.

Das Hotel *Kabul*, wo ich untergebracht wurde, lag direkt im Zentrum der afghanischen Hauptstadt. In Zimmer Nr. 117, das nun mein Heim werden sollte, war das Telefonkabel herausgerissen. Jeden Augenblick drohte die Lampe von der hohen Decke herabzufallen.

Die Türe und die Wände waren von Hunderten von Kugeln durchlöchert. Das Zimmer glich einem Schlachtfeld.

Zwei Tage lang ließ sich niemand vom Hotelpersonal im Zimmer blicken; es wurde auch nicht aufgeräumt. Im Korridor trafen mich vielsagende Blicke.

In diesem Zimmer war der Botschafter der USA, Adolf Dubs, bestialisch ermordet worden. Seitdem hatte es niemand mehr bewohnt.

Ich war der Erste. Auch mein Schicksal wollte es, daß ich hier einige Tage später die schlimmste Nacht meines Lebens verbringen sollte. Aber das kam erst später. Momentan interessierte mich die Ermordung des Botschafters. Nicht etwa aus dem üblichen menschlichen Mitleid — Tote brauchen kein Mitleid. Mich trieb das Interesse des Profis, des Journalisten:

Warum hatte Dubs seinen Wagen angehalten?

Warum hatte er sich auf das Gespräch mit den Unbekannten eingelassen?

Wie war er ins Hotel gekommen?

Viel konnte ich nicht in Erfahrung bringen. Vier Männer in Uniformen hatten den Botschafter angehalten, mit Gewalt aus dem Auto geschleppt und mit vorgehaltenen Pistolen ins Hotel geschafft. Zimmer Nr.117 wurde verbarrikadiert. Man forderte von ihm die Freilassung des inhaftierten Schiitenführers Bachruddin Baches. Kurz darauf wurde Dubs tödlich verletzt.

Das Zimmer wurde gestürmt. Drei Terroristen waren auf der Stelle tot, der vierte verletzt. Er hätte alles aufklären können, doch fünf Minuten später starb auch er. Allerdings erst in der Hotelhalle: Jemand sprang hinter der Holzattrappe einer Air France-Stewardess hervor und erledigte ihn mit einem Messerstich. Dann floh der Unbekannte. Er lief durch eine Seitentür in den Hinterhof mit den drei mächtigen Himalaja-Zedern und — verschwand. Er konnte nie gefaßt werden. Er flüchtete wohl in die Stadt, wo jeder untertauchen konnte, und dann in die Weiten des Landes, wo sich alle Spuren verlieren.

Dubs wurde in die Botschaft gebracht, wo er starb. Versuche, die Wahrheit herauszufinden, führten zu nichts.

Andere Morde stellten den am Botschafter bald in den Schatten. Andere Tragödien und Ereignisse schlugen die Menschen in ihren Bann. Am 27. Dezember 1979, an jenem Tag, als am Flughafen von Kabul zweihundertfünfzehn Mal Flugzeuge mit roten Sternen am Leitwerk dröhnend landeten, begann die neue Geschichte Afghanistans.

Das Zimmer, in dem ich nun wohnen sollte, lag im ersten Stock. Das einzige, mit einem dichten Metallnetz vergitterte Fenster ging auf das *Haus des Volkes* hinaus. Über den gezackten Mauern und Türmen der ehemaligen Residenz der afghanischen Regierung flatterte nun eine riesige rote Fahne. Sie ersetzte die heruntergerissene grüne. Neuer Herr des Hauses wurde Babrak Karmal. Er trat an die Stelle des ermordeten Amin.

In der Leibwache des ersten Sekretärs des ZK der *Demokratischen Volkspartei Afghanistans (DVPA)* gab es keinen einzigen Afghanen. Nur Sowjets. Das *Haus des Volkes* wurde ebenfalls von sowjetischen Luftlandetruppen bewacht. Panzer und Mannschaftstransportwagen des *Begrenzten Kontingents* und der Armee der Demokratischen Republik Afghanistan standen am Tor. Sie waren von meinem Fenster aus zu sehen. Ich dachte daran, wie oft ich schon ähnliche Bilder überall in der Welt gesehen hatte und wie schnell Panzer zum Symbol der Schwäche einer nicht gewählten Macht werden.

Am späten Abend des Tages meiner Ankunft wurde ich vom Botschafter der UdSSR in Afghanistan, Tabejew, empfangen.

Er hatte Pusanow abgelöst. Den Umsturz im April, bald schon Aprilrevolution genannt, hatte Pusanow, der Botschafter der Sowjetunion, verschlafen. Ich glaube, er wurde erst von Moskau aus darüber informiert, denn dort hatte man den afghanischen Rundfunk abgehört.

Genau wie Pusanow war auch Tabejew kein Berufsdiplomat. Er wurde vom ersten Sekretär irgendeines Gebietsparteikomitees zum Botschafter in Kabul befördert.

Mein Antrittsbesuch bei ihm dauerte nicht länger als eine Viertelstunde. Die Müdigkeit des zukünftigen Ersten stellvertretenden Vorsitzenden des Minsterrates der RSFSR war niederschmetternd. Der Botschafter saß im flackernden Licht der Deckenlampe und nahm die Berichte der Botschaftssekretäre entgegen. An der Wand über seinem Kopf hing ein großes Porträt Breschnjews. Jeder wußte von den guten Beziehungen Botschafter Tabejews zum Generalsekretär des ZK der KPdSU.

Im Büro des Botschafters warteten immer Leute. Es herrschte ein ständiges Kommen und Gehen.

Offiziere wurden von Parteifunktionären, Parteifunktionäre von Beamten des KGB abgelöst. Hinter ihnen drängten bereits die Räte des Innenministeriums, die Beamten der Ämter für Handel, Transport und anderes sowie Diplomaten.

Diese Stunden und Tage des Februar 1980 waren der Ursprung der meisten Dramen der neuen Geschichte Afghanistans. Die kompliziertesten Knoten der afghanischen Politik wurden damals geknüpft. Man betrat bis heute ausweglose Sackgassen und schuf immer neue.

Der Botschafter nahm alle Berichte schweigend entgegen. Informationen über die Verluste der Sowjettruppen, über Terrorismus, über die Lage in Kabul und im ganzen Land — seine Miene änderte sich bei keiner Nachricht. Das Gesicht des Botschafters war gelassen und grau vor Müdigkeit. „Gut", sagte er zu mir, wobei ihm wohl nicht bewußt wurde, daß wir im Grunde genommen noch kein Wort gewechselt hatten. „Gut", wiederholte er und gab mir die Hand.

Es schien, als wolle er mich segnen.

Eine Mauer des Kabuler Zentralpostamts wurde mit Dynamit in die Luft gejagt. In dem dreistöckigen Kaufhaus unweit meines Hotels wurde ein Tscheche ermordet. Man hatte ihn für einen Sowjet gehalten. Ein Pioniertrupp des *Begrenzten Kontingents* wurde gefangengenommen und massakriert. Die grauenhaften Berichte von den Leichenschändungen ließen das Blut erstarren. Im Flughafen von Kabul stürzte ein sowjetisches Militärtransportflugzeug aus unbekannter Ursache ab. Die Soldaten an Bord waren auf der Stelle tot. Isoliert betrachtet waren dies vereinzelte Zwischenfälle. In der Summe bedeuteten sie schon Krieg.

Das war bald allen klar.

Unter den Diplomaten und Botschaftsräten gab es viele, die alles wußten. Doch offiziell sprach niemand darüber. Undenkbar war auch, mit den vom sowjetischen ZK nach Kabul entsandten Leuten über solche heiklen Themen zu reden. Ich ahnte, daß sie einander mißtrauten. Sie mieden nach Möglichkeit Diskussionen über die wirkliche Lage und besprachen lieber die erwünschte.

In dieser orientalischen Stadt gibt es von alters her eine hohe Gerüchtekultur. Eine derartige Kultur hatte sich schon längst auch im kommunistischen Moskau durchgesetzt. Diese beiden Kulturen - die orientalische und die kommunistische – verbanden sich hier in Kabul, verstärkten einander und zeitigten ein frappierendes Ergebnis: hundertprozentige Glaubwürdigkeit. Alles, worüber in diesen Tagen geraunt wurde, fand später seine volle Bestätigung. Keine einzige Falschinformation! Soweit mir bekannt ist, steht dieses Phänomen einzig da in der Geschichte.

Man erzählte sich, daß in dem Moment, als das Flugzeug mit Babrak Karmal in Kabul landete, bereits zwanzigtausend sowjetische Soldaten und Offiziere in Afghanistan stationiert waren. Es hieß, daß der Appell, den Babrak Karmal über Radio an das afghanische Volk richtete, mit Hilfe des anderen Volkes verfaßt worden war. Man erzählte sich auch, daß Babrak Karmal, oder wie man ihn der Bequemlichkeit halber nannte: Boris Karlowitsch, die Sowjets gar nicht um Militärhilfe gebeten hatte. Man deutete an, daß Ogarkow[(2)] diese Aktion kategorisch abgelehnt hatte. Ganz Kabul sprach davon, daß Amins Leute Taraki[(3)] mit einem Kopfkissen erstickt hatten. Gleichzeitig hatten sie auch seine Frau getötet. Alle sprachen davon, daß Amin, der als CIA-Agent galt, im Darulaman-Palast von sowjetischen Luftlandetruppen ermordet worden war. Jemand erzählte, daß dabei ein hochrangiger sowjetischer Militärarzt ebenso wie Amins Krankenschwester ums Leben gekommen war. Man wußte zu berichten, daß während des Kampfes mit der Wache die Unseren aus nächster Nähe auf das zur Hilfe eilende sowjetische Panzerfahrzeug geschossen und es außer Gefecht gesetzt hatten.

Ich sprach mit sowjetischen Soldaten. Sie waren in kämpferischer Stimmung und hatten ein munteres und patriotisches Auftreten. „Wir sind hier auf Bitten der legitimen Regierung", erklärten sie dem Journalisten, obwohl niemand sie danach gefragt hatte. Manche erzählten, daß sie sich freiwillig nach Afghanistan gemeldet hatten. Es gab auch solche, die stolz ein nur ihnen bekanntes Militärgeheimnis ausplauderten: Die Unseren waren den Amerikanern nur zwei bis vier Tage zuvorgekommen. Vielleicht sogar nur um wenige Stunden. „Das war ein toller Sprung! Alles ist ganz ausgezeichnet!" meinten die Soldaten.

Nur einer sagte: „Wir leben wie Tiere! Wir haben uns noch kein einziges Mal richtig gewaschen! Es gibt kein Holz! Wir frieren fürchterlich! Das Essen ist ein Schweinefraß! Auch Kleiderläuse haben wir schon!"

Der Tag vor der schwarzen Nacht war trüb und kalt. Auf den nassen, schmutzigen Gehsteigen, die nie vom Schnee geräumt wurden, bewegten sich in der lastenden Winterdämmerung finster blickende, beunruhigte Menschen. Die Lautsprecher, aus denen sonst gedehnte, orientalische Musik kreischte, waren stumm. Auf der belebtesten Geschäftsstraße, der *Maiwand,* schlossen die *Dukans*(4) ungewöhnlich früh.

In der Hotelhalle saßen fünf bewaffnete junge Afghanen, Mitglieder der *Truppen zur Verteidigung der Revolution.* Das Hotel wurde rund um die Uhr bewacht. Ich stieg zum ersten Stock hinauf, blickte durch die Glaswand auf den Platz. Der hintere Teil mit der Moschee und dem Kino lag in dichtem Nebel. Gut sichtbar war nur der nahegelegene Teil, wo auf einem Zaun Fetzen feilgeboten wurden. Diese billigen T-Shirts und verwaschenen Hemden wurden gerade vom Zaun herabgerissen und hastig in Säcke gesteckt. Es schien tatsächlich etwas los zu sein. Wie überall sonst auf den Straßen wuchs auch hier, auf dem Platz vor dem Hotel, die Menge grimmiger, finster blickender Menschen. Von Zeit zu Zeit schauten sie sich um und tuschelten.

Ich ging in mein Zimmer.

Es wurde rasch dunkel. Von der Straße her kam ein dumpfer, seltsamer Lärm, wie ihn nur eine große Menschenmenge erzeugen kann. Ich trat von Zeit zu Zeit ans Fenster. Doch die Straßenlampen brannten nicht, und die Dunkelheit verbarg alles. Eine MP-Salve ertönte — der Haupteingang des Hotels wurde beschossen. Die Schüsse blieben unerwidert. Der Lärm schwoll an.

Jemand schlug an meine Tür. „Nicht mit mir!" dachte ich. „Da müßt ihr schon die Tür aufbrechen!"

„Mach' auf!" schrie eine bekannte Stimme. „Mach' auf, schnell!" Ein Kollege von der *Pravda* stürzte ins Zimmer. Sein Gesicht blutete, seine Hände zitterten.

„Verfluchte Scheiße!" schrie er. „Sie haben mein Auto demoliert! Sie haben die Motorhaube mit Stöcken zertrümmert."

„Sie haben auch deinen Kopf demoliert", sagte ich.

„Auf den Kopf scheiß ich. Draußen sind schon Hunderte. Die Wache aus der Hotelhalle ist verschwunden. Sie schreien nach dem Blut der Ungläubigen! Hunderte sind schon auf der Straße! Wo ist das Telephon?"

„Verschwunden — wie Dabs."

Er verstand meine Andeutung nicht.

„Wir müssen zusammenhalten. Schnell, zu unseren Leuten."

In dem riesigen, finsteren Hotel logierten nicht mehr als zwanzig Personen. Lauter Sowjets. Neben Journalisten der *TASS*, der *Iswestija* und der *Literaturnaja Gazeta* wohnten hier noch Diplomaten der UdSSR, Vertreter des ZK der KPdSU und die Piloten der beiden militärischen Transportmaschinen, die für hohe Offiziere bestimmt waren. Zur Tarnung trugen sie Aeroflot -Uniformen.

Wir stiegen in den zweiten Stock hinauf. Die beunruhigten Menschen kamen aus ihren Zimmern und versammelten sich in einer Ecknische mit einer hohen, verstaubten Stehlampe. Ich ging zum dunkelblauen Vorhang und blickte hinaus. Dieses Fenster lag auf einer anderen Seite des Hotels als das meines Zimmers. Das Bild, das sich mir bot, war entsetzlich. Das benachbarte Hotel *Pak* brannte bereits wie ein Heuschober. Zwei umgekippte *Tschawdar*-Busse — ein Geschenk des brüderlichen bulgarischen Volkes an das revolutionäre Afghanistan — waren schon fast völlig ausgebrannt. Der Feuerschein fiel auf eine vieltausendköpfige Menge von Männern in Turbanen und Frauen in *Parandshas,* die Geistern glichen. „Allah akbar! Allah akbar!" heulte die Menge. „Shurawi marg, marg, marg!"(5)

Die Diener des Islams belagerten das Hotel. Dichter Qualm drang von der Straße ins Stiegenhaus ein und kroch durch den breiten Korridor.

Das Telephonkabel war durchgeschnitten worden. Das einzige Funkgerät funktionierte nicht, so sehr man es auch malträtierte.

Unter uns war der sowjetische Kommandant von Kabul. Aber was konnte er schon machen? An wen sollte er sich wenden?

Die Lage war aussichtslos. Ich hielt mich für keinen Neuling in derartigen Situationen. Ich hatte schon einiges in Vietnam, Laos, in Bangladesch und Angola erlebt. Doch hier war alles anders.

Wir hatten eine Granate. Eine Granate für alle. Doch wer hätte ahnen können, daß alles so kommen würde? Kein einziger Atheist weiß, was in den nächsten Minuten in der Welt der Gläubigen geschehen wird. Kein Christ weiß, was in den nächsten Minuten in der Welt der Moslems geschehen wird. Kein Gläubiger will außer seiner eigenen noch eine andere Welt kennen.

Eine Granate für alle — der Gipfel der Sorglosigkeit.

„Allah akbar! Shurawi marg, marg, marg!"

Jeder von uns wußte es schon: Diese Fanatiker töteten langsam. Wir wußten, daß sie zuerst die Unterarme durchstechen, dann die Ohren abschneiden, dann die Finger und den Penis. Sodann durchbohren sie die Augen und schlitzen die Nasenflügel auf. Aber auch für die Toten gibt es noch keine Ruhe. Es wird weiter geschnitten, gehackt und gestochen. Bis selbst der Tod des Ungläubigen entweiht ist.

Eine Granate für alle!

Wir lauschten dem näherkommenden, mörderischen Schreien, atmeten den Qualm der umliegenden Brände ein und flehten das Schicksal um einen blitzschnellen Tod an. Doch wie sollten wir das bewerkstelligen? Mit einer einzigen Granate war es unmöglich, alle mit einem schnellen Tod zu beglükken. Ich schaute auf meine Füße auf dem abgetretenen Teppich. Ich fürchtete mich vor den Messern in den Händen meiner mittelalterlichen Zeitgenossen. Aber nicht weniger als die Messer fürchtete ich zu versagen. Mich schauderte.

Selbst das Schweigen fiel uns allen schwer. Ich glaubte, wenn schon nicht auf alles, so doch auf vieles gefaßt zu sein. Ich hielt mich für erfahren genug und jedenfalls auf gefährliche und schwierige Situationen gedrillt. Ich vertraute auf meine Erfahrung. Mir war längst klar, daß das Gedächtnis sowohl der Freund als auch der Feind des Menschen sein kann. Es hält das Bewußtsein wach. Das Gedächtnis ist die Lagerstätte der Erfahrung. Und die eigene Erfahrung ist das Einzige, worauf man sich verlassen kann. In gewissen Augenblicken bedeutet die persönliche Erfahrung eines Menschen für ihn viel mehr als die der ganzen Menschheit. Oft ist mir aufgefallen, daß nicht alles an der Oberfläche des Gedächtnisses haften bleibt, sich nicht alles erklären läßt. Doch das Gedächtnis hat Tiefen.

Manches wird bearbeitet und in der Schatztruhe der Erfahrung abgelegt. Aus dieser Erfahrung schöpft man im Grunde genommen alles, auch — und das ist wohl am wichtigsten — die Kraft zu kämpfen.

Doch jetzt half mir selbst meine Erfahrung nicht weiter: Sie war nutzlos. Es ist unmöglich, gegen sein Schicksal anzukämpfen. Man hat keine Chance. Die Vorstellung des bevorstehenden Todes ist um vieles schrecklicher als der Tod selbst.

So sehr ich die Zähne zusammenbiß: sie klapperten, als würde mich eine unsichtbare, teuflische Kraft rütteln.

So unglaublich dies auch klingen mag: Ich fürchtete mich vor dieser Begegnung mit dem Islam. Mit dem islamischen Fanatismus. Dabei handelte es sich hier doch bloß um eine Erscheinungsform menschlichen Glaubens, um nichts mehr.

Um nichts mehr.

Um nichts mehr.

Um nichts mehr.

Wahrscheinlich spürte nicht nur ich in jener Nacht diese beschämende Schwäche. — Alle wurden davon ergriffen. Doch mir fiel das damals nicht auf. Ich tat nur alles, um mich zusammenzureißen. Ich ging sogar nochmals zum Fenster. Die Menschenmenge umwogte das Hotel.

„Allah akbar! Allah akbar!"

Die beste Chance hatte ich mir im Bermuda-Dreieck entgehen lassen. Noch ein Augenblick — und alles wäre vorbei gewesen. Wie schön, wie schnell brannte damals das Feuer der Motoren! Wie aussichtslos schien damals der Landungsversuch der Boeing in Barankija. Wie herrlich hätte ihr Aufprall sein können! Dort überlebte ich, um hier zu sterben. Und noch dazu auf solche Weise.

Wie sinnlos.

Wie ungerecht.

Wie normal.

Der Brandgeruch wurde dick wie Filz. Ein ZK-Mann übernahm die Führung. Er war blaß, sachlich und gefaßt. Er wiederholte: „Alle zusammenhalten. Keinen Schritt weg. Man läßt uns nicht im Stich. Man ist schon auf dem Weg."

Er hatte recht, denn auf der Straße hörten wir bereits Schüsse. Doch wer schoß? Aus der offenen Tür eines nahegelegenen Zimmers übertönte Klaviermusik die Schießerei: Jemand hatte sein Radio nicht ausgeschaltet. Die Musik ließ die Realität absurd erscheinen und schützte so das Bewußtsein. Die Schüsse wurden immer lauter, dann hörten wir das Stampfen von Füßen.

Jetzt ist Schluß, war meine schlichte Reaktion.

Aber es waren die Unseren! Es waren wütende, bis an die Zähne bewaffnete Luftlandesoldaten. Sie rannten durch den breiten, raucherfüllten Korridor, und ein junger, krummbeiniger Major schrie wie aufgezogen: „Rebellion! Rebellion! Rebellion! Alles in die MTW! Schnell!"

Seitdem weiß ich mit Sicherheit: Solange auch nur eine Minute übrig ist, solange ist noch alles möglich.

Ich landete im dritten Wagen. Ein schwerer Schuh drückte gegen meine linke Wange. Die rechte lag auf dem eisigen Sehschlitz. Durch dieses Fenster konnte ich noch lange das Nachtleben des rebellischen Kabul verfolgen: Die vom Schein der Brände beleuchteten Menschenmengen, Lehmmauern, Moscheen und als letzte von ihnen die *Mas Djede Mohammed Jakubkhan.*

In dieser Februarnacht 1980 begann für mich der Afghanistankrieg.

Den Rest der Nacht verbrachte ich auf dem kalten Tisch eines Büros in der sowjetischen Botschaft. Ich kehrte aus dem islamischen 1358 in mein christliches 1980 zurück und empfand dabei — nichts. Nur meine Sehnen schmerzten.

Schmerzten.

Die Zeit fließt nicht in die Ferne wie ein Fluß, die Zeit fließt vertikal, von unten nach oben, und wirbelt dabei den trüben Satz vom Boden auf, den ganzen Schmutz und das ganze Übel. Und treibt sie von einer Epoche in die nächste. Das wird immer so sein. Solange es ein Unten und ein Oben gibt.

Am Himmel kreisten die Geier

„Aus den tieffliegenden Hubschraubern stürzten hunderte Raketen auf sie, und Fontänen von Schmutz, Sand und Steinen verdeckten den Himmel. Die Erde stöhnte unter den Explosionen und ächzend gebar sie Tote."

Bericht eines Soldaten

„Den Sprit nahmen sie von den Hubschraubern. Damit übergossen sie alle und zündeten sie an. Grauslich.

Obwohl der Wind ziemlich stark war, konnte er den Qualm nicht vertreiben. Das Atmen fiel uns schwer, wir schimpften. Dazu kam noch dieser Geist[6] mit dem Beckenschuß, der starr wie ein Gespenst am Rande der Schlucht hing. Das ging auf die Nerven und wirkte bedrückend.

Wir hatten ihn erwischt, als er sich einen Augenblick lang nicht bewegte. Der Feigling sollte nur nicht denken, er könne so leicht seine Haut retten. Denkste! Wir haben ihn gekriegt!

Natürlich setzten wir ihn bei. Pionierspaten, zack! zack!, ein paar Steine der Wüste Registan drüber - und fertig. Es ist ja doch ein Mensch, meinte der Sergeant. Trotz allem. Irgendwie doch. Und die Kamele verbrannten wir. Sprit darüber und angezündet. Allerdings waren sie da schon tot, krepiert. Mit Kalaschnikows erledigt.

Wer geschossen hat? Alle, schließlich ist doch Krieg.

Die eroberte Karawane war nichts Besonderes. Schußwaffen. Dazu ein paar Flugabwehrgeräte. Nicht gerade üppig. Vorgestern war das etwas ganz anderes gewesen. Vorgestern erwischten die Jungs gleich siebzehn Buckeltiere. Der Sergeant wußte genau, was zu tun ist: Feuerte eine Salve auf eins, das in der Mitte marschierte, ab. Das zerriß die ganze Karawane: siebzehn mit Sprengstoff beladene Kamele flogen zugleich in die Luft. Noch jetzt kreisen die Kondore über der Schlucht – ein Schmaus für die Aasgeier, ein Fest für die Kompanie.

Diese hier waren, wie gesagt, nichts Besonderes. Mittelmäßig. Natürlich nicht für jeden. Für die alten Hasen nichts Besonderes, für die Neuen eine einzige Qual."

Alle bekamen Hunger, aßen die Ration gleich im Sand. Man saß im Schatten des Mi-8, kaute, lachte und fluchte ordinär. Er aber konnte nicht sitzen, er ging langsam im Kreis. Ihm war nicht nach Essen zumute. Ihm war zum Kotzen. „Entsetzlich, entsetzlich." Die Buckeltiere brannten noch immer. Drei davon lagen in unmittelbarer Nähe und qualmten.

Im Zoo hatte er sie schon einmal gesehen. In Moskau, in den Ferien. Die ganze Klasse war nach Moskau gekommen. Kaum angelangt, sofort zum Krasnaja Pressnja in den Zoo. „Warum nicht zum Roten Platz, nicht zum Kreml", hatte er die Lehrerin gelöchert. Er könne Tiere in Käfigen nicht leiden!

„Der Platz ist immer offen", hatte die Lehrerin erklärt, „aber der Tiergarten steht ab morgen unter Quarantäne."

Natürlich waren die Kamele im Zoo nicht in Käfigen gestanden, sondern in Gehegen, zwei waren es. Das eine, er erinnerte sich noch ganz genau, hatte ihn aus schläfrigen Augen angestarrt, ihn gemustert und angespuckt. Der Speichel war ihm vom Kopf getropft, das Hemd hatte zum Weinen ausgesehen. „Du!" hatte er beleidigt geschrien. „Was habe ich dir getan!?"

Jetzt war die Abrechnung für die Spucke gekommen. Allerdings etwas weit weg von Moskau. Auch war es nicht er gewesen, der abgerechnet hatte, die anderen hatten geschossen und gesengt. Er hatte nur ordnungshalber ein paar Schüsse abgegeben.

„Eine Hitze. Zum Kotzen."

Er schaute nicht auf den erschossenen Geist, als dieser wie eine große Fetzenpuppe zusammengelegt und vergraben wurde. Er wandte sich ab und starrte auf den Rotor des Mi-8, als sähe er ihn zum ersten Mal.

Es war zu viel auf einmal.

Vorige Nacht war sein erstes Gefecht gewesen. Die Karawane, so schäbig sie auch aussah, war ihre wohlverdiente Trophäe. Es war aber auch etwas Wichtigeres geschehen: Er war am Leben geblieben. Niemand bemerkte etwas davon, er aber wußte: Er hätte fallen können, war aber am Leben geblieben. Er kannte sein Schicksal nicht, und als alles vorüber war, dachte er: „Unglaublich".

Sie waren auf der Lauer gelegen, hatten auf jene Karawane gewartet, die jetzt brannte. Sie hatten es sich auf dem harten Boden so bequem wie möglich gemacht. Die Hitze hatte selbst in der Nacht nicht nachgelassen. Nie hätte er dem Afghanenland solche Temperaturen zugetraut.

Er lag mit dem Gesicht zum Pfad, hinter ihm ein Hang. Die Gruppe war in zwei Teile geteilt worden. Sie hatten den Pfad bis in die Ferne einsehen können, die Waffenkarawane mußte hier vorbeikommen. In seinem Kopf waren fremde Namen herumgeschwirrt: Mira Schachet, Schirat, Dschobe, Kweti – Orte, von wo, wie der Hauptmann gesagt hatte, die Waffen in diese Zone geliefert wurden.

Er lag auf der oberen Windung des Pfades, die meisten anderen an der unteren im Tal.

Als er im Schein der Leuchtkugeln den Schatten seines eigenen Kopfes sah, begriff er: Im Tal war etwas passiert. Er drehte sich um und sah Leuchtkugeln. Und gleich knatterten die MGs und MPs los. Unten hatte der Kampf begonnen.

Er preßte sich auf den flachen Boden und klammerte sich an seinem Scharfschützengewehr fest – damals war er noch bei den Aufklärern –, und der Atem stockte ihm, als die Handgranaten explodierten und die verwundeten Kamele wild brüllten. Angst pochte gegen seine Schläfen und nahm ihm den Atem. In diesem Augenblick dachte er an das Abtreten. „Du denkst nicht dran, dabei ist es schon da. So etwas kann man nicht erklären."

Wachsam, gespannt wie ein gehetzter Hund witterte er plötzlich eine tödliche Gefahr. Da preßte er sich womöglich noch stärker an den Boden.

Ja, jemand suchte ihn.

Er blickte nach rechts, dort im hohen Schein der Leuchtkugeln lag der Hauptmann auf der Lauer, bewegte sich nicht und schien die Schießerei nicht zu hören.

Er aber hörte, und als er sich umblickte, sah er auch.

Er begriff, daß etwas geschehen mußte. Er wechselte den Platz. Auf die Ellbogen gestützt robbte er zum Hauptmann.

Im selben Augenblick hörte er ein Pfeifen. Eine Kugel drang neben seinem Kopf in die Erde ein. Genau dort, wo er eben gelegen hatte. Das also war es gewesen! Ein Gruß vom Tod.

Er zuckte nicht einmal zusammen. Der Anblick des Kampfes fesselte seine Aufmerksamkeit, nahm ihn so sehr ein, daß er nicht einmal zusammenzuckte. Nur einen Augenblick lang durchzuckte sein Herz das Bewußtsein der Todesgefahr, um dann einer allgemeinen Angst zu weichen.

Er schaute sich um und blickte angespannt – niemand da! Die Gegend bis zum Kampfbereich war leer. Also eine irrende Kugel.

„Zum Tal!" schrie plötzlich der Hauptmann. „Das Gesicht zum Tal!"

Nikolai drehte sich um und richtete die Mündung seines Gewehrs ins Tal. Die näherkommenden Explosionen wurden immer lauter. Das Funkgerät des Hauptmanns rauschte. Der Kampfgruppenkommandant befahl eine Verschiebung nach links, wohin die Karawane abgedrängt werden sollte. Aber der Hauptmann zögerte.

Da faßte Nikolai einen Entschluß: Er streckte die Hand aus, tastete das Einschußloch ab und versuchte die Kugel herauszuholen. Doch der steinige Boden war hart wie Granit. Es ging nicht. „Wozu brauche ich sie überhaupt?" schoß es ihm durch den Kopf. „Jetzt ist sie bestimmt nicht mehr meine." Eine Sekunde später sprangen sie vom Boden auf und rannten zur zweiten Pfadwindung, den Resten der Karawane entgegen. Die Kamele galoppierten wahnsinnig von der Schießerei. Zwei

Geister liefen neben ihnen her und versuchten, sich hinter ihren wiegenden Bäuchen zu verbergen. „Auf die Beine! Auf die Beine!" schrie jemand in der Dunkelheit, die gelb war vom Staub und vom Licht der Leuchtraketen. „Schießt auf die Beine!"

Eine fächerförmige MP-Salve zerfetzte die Kamelbäuche, und die Tiere stürzten brüllend und schwer auf ihre dünnen Vorderbeine. Eines kippte um und schlitterte im Sand auf seinem Höcker mit den daran befestigten Kisten weiter.

Die Geister, ihrer Deckung beraubt, stoben auseinander. Der eine verschwand, den anderen erwischten sie. Gerade am Rand der Schlucht – ein Beckenschuß.

Die auf einen Haufen geworfenen Buckeltiere qualmten und verbrannten. Im Schatten des Mi-8 wurde gegessen, und Nikolai zog endlose Kreise im harten Sand. Er wunderte sich, wie schnell sie sich an dieses neue, häßliche Leben gewöhnt hatten, und daß sie nur dieses eine hatten.

Seit dieser Nacht gehörte auch er dazu.

Als der Rotor des Mi-8 zu kreisen begann, schob der Hauptmann ihn zur Metallstiege und sagte freundlich: „Jetzt geht's zurück. Hauptsache ohne Verluste."

Die Schule, die Nikolai Iwanow besucht hatte, war die beste in Sagorsk. Zu dem Zeitpunkt, als er den Gestellungsbefehl erhielt, hatten dreizehn aus seiner Stadt ihren Afghanistandienst schon hinter sich. Zwei waren schnell zurückgekehrt, beide in Zinksärgen. Der Dritte war etwas später gekommen, ohne Arme.

Das war eine schlimme Zeit. Die Altersgenossen der Gefallenen bekamen natürlich Angst. Anmerken ließen sie sich allerdings nichts. Sie machten sich Mut und blinzelten einander vielsagend zu. Beim Abschied an den Haustüren warfen sie sich lässig zu: „Was gibt's? Ins Afghanenland?"

Die Erwachsenen nahmen sich die Sache offensichtlich schwer zu Herzen. Besondere Empörung erregte in der Stadt das Verbot der lokalen Behörden, auf den Grabsteinen den Sterbeort der Gefallenen anzugeben – Afghanistan. Die Eltern durften lediglich zwei Dinge auf den Grabstein meißeln: den Namen und das Datum. Sonst nichts.

„Ist mein Sohn etwa im Suff erschlagen worden?" sagte die Mutter eines der Gefallenen weinend. „Oder ist er vielleicht mit dem Motorrad verunglückt? Er ist doch ein Soldat-Internationalist[7]!"Mit der Zeit erfuhr man natürlich in Sagorsk, daß dieses Verbot keine rein lokale Initiative war. Es galt überall, ganz gleich wo auch immer Gräber von Afghanistankämpfern auftauchten. Da war nichts zu machen. Keiner wagte, die Weisung zu mißachten.

Es gab Jungs in Sagorsk, die freiwillig nach Afghanistan wollten. Nikolai kannte sie. Der eine war Sohn eines Militärs, der ständig irgendwo im Norden steckte. Der andere hatte einen Alkoholiker zum Vater. Der dritte – den Sekretär eines Bezirksparteikomitees.

Der Sohn des Sekretärs verkündete sein Vorhaben, nach Afghanistan zu gehen, als er noch in der neunten Klasse war. Der Vater war außer sich. „Aber in den Versammlungen rufst du uns doch selbst auf, Internationalisten zu sein! Oder?" entgegnete der Sohn mit Würde.

„Natürlich!" schrie der Vater. „Das ist aber prinzipiell gemeint! Du, du bist aber mein konkreter, einziger Sohn! Niemand verbietet dir, ein Internationalist zu sein. Sei einer! Hier, hier zu Hause!"

Der Sohn lächelte und ging zu seinen Freunden. Hier nahm er sich kein Blatt vor den Mund. „Im Afghanenland", sagte er, „bekomme ich eine MP. Dann werde ich mich in den Westen absetzen – über Pakistan. Das haben schon einige gemacht. Ich habe das von der *Voice of America.* Von Sagorsk aus", fügte er heftig hinzu, „kann man sich nicht in den Westen absetzen."

Nikolai mußte im Frühjahr einrücken. Ein halbes Jahr diente er in Mittelasien, war zwei Mal im lärmenden Taschkent, einmal verschlug es ihn sogar nach Samarkand.

Ein ganz normaler Dienst. Er dachte: „Im Afghanenland brauchen sie andere." Aber eines Tages änderte sich alles: ein plötzlicher Appell, ein Transportflugzeug, ein Flug in unbekannte Richtung.

Nach einer halben Flugstunde, über dem Pamirgebirge, schaute der Fähnrich, der neben Nikolai saß, aus dem Fenster und sagte: „Ob Pamir, ob Hindukusch, alles ein und derselbe Mist."

Dann bestätigte er: „Wir überfliegen gerade den Hindukusch." Eine Stunde später landete das Flugzeug tatsächlich in Kabul.

Nach Hause, nach Sagorsk, schrieb Nikolai erst nach einer Woche. „Der Dienst ist in Ordnung", berichtete er. „ Es gibt nichts Neues." Dann aber vergaß er sich doch und fügte hinzu: „Noch nie im Leben habe ich derartig schmutzige und zerlumpte Menschen gesehen. Viele von ihnen sehen aus wie Gespenster. Es sind aber Menschen", präzisierte er. „Manche fahren sogar einen PKW. Doch die meisten schieben Karren mit Holz durch die Stadt. Sie tun mir sehr leid", schloß er.

Nikolai war ein ehrlicher, offener Kerl. Er hatte blondes Haar, graue Augen – eine Hymne an die graue Farbe – und ein wohlgeformtes Gesicht. Er gefiel den Mädchen. In der Schule hatte eine der Verwegensten einmal sogar versucht, ihn zu sich ins Bett zu bekommen. Er war in Panik geraten und bereute das später bitter. Wenn die Jungs mit ihren Eroberungen prahlten, erzählte er die Geschichte so, als hätte das ganze doch stattgefunden.

Nach der Schule, bevor er einrückte, schaffte Nikolai es noch, den Lehrgang für Berufsfahrer zu absolvieren. Sein Vater war ebenfalls Fahrer, er fuhr einen *super-MAS*(8). Die Mutter hatte ebenfalls mit Fahrzeugen zu tun. Sie fertigte die

Busse im lokalen Busbahnhof ab. Sie war ein zartes, zierliches Frauchen, das eher einem Schulmädchen als der Mutter eines erwachsenen Sohns glich. In jenen fernen Zeiten, vor sieben Monaten, als Nikolai noch zu Hause war, hatte man sie oft für ein Liebespaar gehalten. Oder – für Bruder und Schwester.

Im Afghanenland war Nikolai zunächst bei den Aufklärern. Aber nur während der ersten zwei Monate. Dann mußte er einen MTW fahren.

Von diesem Augenblick an begann sein richtiges Soldatenleben. Die nächtliche Kamelschlacht sollte er allerdings nie vergessen. Und vor allem nicht die erste Kugel, die ihn in jener Nacht so glücklich verfehlt hatte.

Die Minensuchmannschaft war schon lange fort. Ihr Bericht ließ wie immer auf sich warten. Der Kommandant des motorisierten Schützenbataillons, ein finsterer Major aus Armenien, wartete die doppelte Frist ab, dann befahl er: „Los!"

Nikolais MTW gehörte zu den ersten Fahrzeugen der Kolonne. Der Motor zog phantastisch, das Fahren war ein einziges Vergnügen. In der Fahrerkabine auf dem einzigen, winzigen freien Fleck, direkt vor Nikolais Augen, zeigte ein Farbfoto ein Zigeunermädchen. Das Mädchen war nackt und lag mit ausgebreiteten Armen und Beinen auf einer Schaumstoffmatratze.

Das Foto hatte Nikolais Vorgänger zurückgelassen. Er war fertig mit seinem Dienst und war in die Heimat nach Alma-Ata zurückgekehrt. Er war zurückgekehrt, und die Zigeunerin war dageblieben. Zunächst jagten die Offiziere der Einheit dem Foto nach – doch vergebens. Nachdem sie in ausnahmslos allen MTWs gehaust hatte, kehrte die Zigeunerin zuletzt wie eine echte Soldatenbraut wieder auf ihren alten Platz zurück.

In dem Augenblick, als Nikolais MTW auf eine englische T-6,I- Mine fuhr, die zwar zu tief lag, um auf das erste Fahrzeug zu reagieren, die aber durchaus schon bereit war, unter dem zweiten, unter Nikolais MTW, zu explodieren, wurde das Foto der Zigeunerin vom Armaturenbrett gerissen. Nikolai flog mit dem halben Körper zur Luke hinaus. Betäubt von der Explosion blieb er mit einem Arm an der Einfassung hängen, kletterte dann nach oben und sah den MTW leer, die Soldaten aber auf der Erde liegen. Die einen rieben die geprellten Stellen – schließlich waren sie von einer Explosion vom Wagen geschleudert worden –, andere klopften den Staub von den Kleidern.

Keinem war etwas Ernsthaftes passiert.

In Afghanistan war es lebensnotwendig, während der Fahrt auf der Panzerung der SPz (Kampfschützenpanzer) und MTWs zu sitzen. Das bot die einzige Überlebenschance. Wenn das Fahrzeug, so wie es hier geschehen war, auf eine Mine auffuhr, wurden die Menschen einfach herabgeschleudert. Wären sie hingegen innen, im Mannschaftsraum gesessen, hätten sie alle den Tod gefunden. Jahrzehntelang hatten sich die klügsten Gelehrten die Köpfe zerbrochen, um festere Panzerungen zu entwickeln. Die qualifiziertesten Ingenieure und Arbeiter stellten diese Panzerungen her. Jedoch hier in Afghanistan wurden sie plötzlich nutzlos. Sie wurden unnütz und gefährdeten sogar diejenigen, zu deren Schutz sie gedacht waren. Natürlich galt das nur für die Fahrten und nur für Minenexplosionen oder Volltreffer von Panzerabwehrrohren. Das hier war aber einer der minenreichsten Kriege der Welt.

Nach Untersuchung des Tatorts kamen die Pioniere zu dem Schluß, daß man Glück gehabt hatte. Aus einem Grund, der nur dem Fahrer bekannt war, war der MTW im letzten Augenblick auf die Seite abgebogen und so am Minenkopf vorbeigefahren. Andernfalls wäre die volle Kraft der Explosion direkt auf den Boden des Fahrzeuges gekommen, meinten die Pioniere, und dann hätte das Ende ganz anders ausgesehen.

Nikolai wußte nicht, warum er ausgewichen war. Niemand

fragte ihn danach. Genausowenig wie nach der Kugel, der er im Grunde genommen auch ausgewichen war.

An die Geschichte mit der Mine erinnerten sich alle noch lange. Aber nicht wegen des Glücks, das man gehabt hatte, sondern weil das Foto der Zigeunerin, die inzwischen zu so etwas wie einem Maskottchen geworden war, spurlos verschwunden war.

Am Vortag der neuen Geschichte erhielt er einen Brief aus Sagorsk. Geschrieben hatte ihn ein Mädchen, mit dem er vor dem Einrücken oft ausgegangen war. Es war nicht das Mädchen, das ihn ins Bett ziehen wollen hatte, und an das er hier immer öfter dachte, sondern ein anderes, auch nicht übel, aber ernsthaft. „Lieber Nikolai", schrieb Nina, „in Sagorsk gab es wieder ein Begräbnis. Du kanntest natürlich Sascha Morosow. Er wurde aus Afghanistan gebracht. Ich mache mir deinetwegen große Sorgen. Ich dachte nie, daß ich zu so etwas fähig wäre. Der Vater von Sascha ist jetzt in Moskau. Beim Begräbnis schrie er, die in Moskau sollten ihm erklären, warum unsere Kinder in Särgen aus Afghanistan zurückkommen, wenn dort nur die Afghanen Krieg führen, wie die Zeitungen schreiben. Kolja, auch ich verstehe vieles nicht. Aber ich schweige. Dieser Tage sah ich Deine Mutter. Sie macht sich Mut. Ich verspreche Dir, ihr beizustehen. Deine Nina."

Dieser Brief machte Nikolai sehr traurig. Natürlich hatte er Sascha Morosow gekannt. Also war auch er da gewesen. Vielleicht sogar irgendwo in der Nähe. Sie waren keine Freunde gewesen, doch jetzt schien ihm Sascha näher als jeder andere.

Die milde Trauer um den Landsmann wurde von dem Unglück in seiner Kompanie überrollt: Vor aller Augen wurde

Wolodija Kornejew von einem Scharfschützen aus einem Kischlak[9] direkt am MTW getroffen. Wolodija war der allgemeine Liebling gewesen, der beste Witzerzähler des *Begrenzten Sowjetischen Kontingents.* Es war ein Volltreffer, direkt in die Schläfe. Alle, die am Morgen noch über seine Witze gelacht hatten, weinten nun und schämten sich ihrer Tränen nicht.

Der Anblick war entsetzlich, der Oberstleutnant war außer sich vor Wut.

Der Kischlak brannte.

Die Kanonenrohre der drei SPzs waren noch heiß.

Am Abend des nächsten Tages kehrte Nikolai mit seinem MTW aus Bagram zurück. Die Mannschaft war nicht mit, nur die Besatzung. Sie überwanden kombinierte Minenfelder - mit Minen gegen Panzer und gegen Infanterie. Auch an einem „Grünfleck"[10], einer besonders gefährlichen Stelle, waren sie glücklich vorbeigedonnert. Zwei Raketengeschosse hatten sie verpaßt. An einer der steilen Kurven schlug die Teleskopantenne, die pfeifend die Luft über dem MTW zerschnitt, auf die staubbedeckten Zweige eines am Straßenrand stehenden Baums. Eine gewaltige Explosion erschütterte das Tal, peitschte auf die Trommelfelle der Soldaten und warf das viele Tonnen schwere Heck wie einen leeren Waschtrog in die Höhe. Nikolai bremste nicht, sondern gab Gas.

Sie nahmen an, von einem Panzerabwehrrohr beschossen worden zu sein. Nach drei- bis fünfhundert Metern stieg Nikolai dennoch auf die Bremsen. Die Angewohnheit aus dem Zivilleben, beim Bremsen an den Straßenrand zu fahren, hatte er zum Glück bereits abgelegt. Minen an Straßenrändern erteilen dagegen eine wirksame Lektion.

Sie untersuchten den Wagen. Keine Beulen, keine Schußlöcher. Das Tal war leer. Am Himmel kreiste wie immer ein Paar Lämmergeier. In ihrer Nähe unterbrach einer mit feuchtem, rosigem Schnabel seinen ekelhaften Schmaus. Am Berghang waren die Ruinen eines Kischlaks zu sehen. „Von dort aus hätten sie uns nicht erreicht, außerdem wurde er von unseren Leuten ordentlich gesäubert." „Mir schien, als wäre die Explosion über uns losgegangen", sagte einer der Jungs.

„Ja, aber es war kein Raketengeschoß."

„Mir scheint auch, daß es über uns explodierte. Und irgend etwas brachte auch das Heck zum Schleudern. Ich spürte", fügte er hinzu, „daß es ins Schleudern kam. Sogar in dic Höhc wurde es geworfen."

Der Funker klärte schließlich alles auf. „Schuld an allem ist mein Zeug", sagte er. „Das war es.

"Tatsächlich war es die Antenne gewesen. Nun wurde ihnen klar, daß der MTW eine Mine gestreift hatte, aber nicht auf der Straße, sondern oben, in den Zweigen des Baumes. Dort war sie befestigt gewesen. Und die Antenne hatte daraufgeschlagen. Genau das war auch die Absicht gewesen: Die langen, biegsamen Teleskopantennen peitschten immer auf die Zweige oder auf die Felsen, die über den Bergstraßen hingen.

Wie im Krieg üblich, verbreitete sich eine einmal erfolgreiche Erfindung über das ganze Kriegsgebiet.

„Wären wir langsamer gefahren, so wäre es mit uns aus gewesen", schloß der Funker.

Nikolai erinnerte sich deutlich, daß er die Geschwindigkeit in der Kurve nicht gedrosselt, sondern im Gegenteil erhöht hatte. So waren sie der Explosion entkommen. Wie immer hatte Nikolai intuitiv gehandelt. Die Sprengwelle hatte das Heck lediglich gestreift. Die Hauptkraft der Explosion hatte die Basaltplatten getroffen. Vielleicht hatte sie auch den Baum entwurzelt. Von hier aus war das nicht zu erkennen.

Während die Jungs gleich neben dem MTW ihre Notdurft verrichteten, fiel Nikolai eine andere Mine ein, die ihm vor kurzem „untergekommen" war. Und dann die heutige. Er dachte: „Die nächste werde ich wahrscheinlich unter meinem

Kopfpolster finden." Vorläufig aber schien der Himmel noch etwas mit ihm vorzuhaben.

Ninas Brief kam, als sie sich gerade auf einen schwierigen Marsch vorbereiteten. „Ich weiß nicht", schrieb sie, „wie das mit Deiner Zeit ist, ob sie verfliegt oder sich in die Länge zieht, aber unsere tritt auf der Stelle! Ein Tag ist wie ein Jahr. Die Diskothek, die damals eröffnet wurde, hat man jetzt verboten. Ich selbst war nie dort, man erzählt es aber. Ich arbeite schon in einer Fabrik für Fernsehgeräte. Erstens bekomme ich dort dreißig Rubel mehr. Zweitens ist alles modern, die Elektronik, die neue Ausrüstung. Das heißt: Es hat Zukunft.

Über Afghanistan spricht man hier bei uns nicht sehr gut.

Früher habe ich nie die *Voice of America* oder *BBC* gehört, doch jetzt tue ich's. Sie berichten von grauenhaften Sachen. Denk' nur nicht, daß ich das glaube. Aber auch das, was man bei uns schreibt und im Radio durchgibt, ist unklar: Wenn alles so normal ist, wozu seid Ihr dann dort? Klar, daß Du mehr weißt und verstehst als wir. Aber es wäre besser, Du wärst hier. Ich telephonierte mit Deiner Mutter. Sie sagt, solange Du in Afghanistan bist, lebt sie nicht, sondern leidet nur. Das stimmt. Dasselbe gilt wahrscheinlich auch für Deinen Vater. Und auch ich bin nicht aus Eisen. Nina."

Er wußte, er verstand.

Das Wissen war nur die eine Seite. Er sah natürlich mehr als alle seine Sagorsker Landsleute zusammen. Er sah: tote, zerstörte Kischlaks entlang der Straßen – überall. Er kannte den afghanischen Bauern, das wohl unterdrückteste und ärmste Wesen der Welt mit seinem ewigen Hackpflug und dem Karst. Er schaute in die feuchten Lehmhütten, wo Kinder hausten, schmutzig, zerlumpt und hurtig wie Nagetiere.

Aber das Sehen war auch nur eine Seite. Sehen und verstehen sind nicht dasselbe. Das Gesehene ergab kein einheitliches und begreifbares Bild in seinem Bewußtsein. All das waren nur Details des fremden, in vieler Hinsicht grausamen Lebens. Nicht mehr. Der Krieg, so seltsam das auch klingen mag, war ihm nicht fremd. Da waren seine Landsleute dabei, und sie führten diesen Krieg alle gemeinsam. Ein einfaches und klares Ziel vereinte sie alle: kämpfen. Diejenigen zu vernichten, die laut Befehl dazu bestimmt waren. Gegen die zum Kampf anzutreten, von denen sie überfallen wurden.

Revolution und Internationalismus als Worte, als Begriffe riefen bei Nikolai keinerlei Emotionen hervor. Weder positive noch negative. Wenn sie allerdings am Appellplatz standen, an der Front, bei entrollten Fahnen und Marschmusik erklang, empfand er so etwas wie innere Bewegung. Das schon. Und er fühlte sich als Beschützer von etwas Edlem und Notwendigem.

Das geschah aber nur auf dem Appellplatz. Im Kampf Mann gegen Mann nicht. Hohe Inhalte und Ideen stiegen anderen zu Kopf. Er war ein arbeitsamer, verläßlicher und einfacher Soldat.

Ein Hügel wie jeder andere. Hier blieb man stehen. Doch drei MTWs hatten Befehl, noch etwas weiter zu fahren. Die drei MTWs, darunter auch der von Nikolai Iwanow, fuhren los.

Neben Nikolai saß der Stabsdolmetscher. Der Bursche kam aus Duschande und hieß Sikander. Er war verärgert und nicht gesprächig.

Es war nicht Nikolais Art, Unbekannte mit Fragen zu belästigen. Dennoch fragte er, ob ihm etwas fehle?

„Geburtstag hab' ich heute", antwortete der Tadschike. Dann schwieg er.

„Kannst ja nachher feiern", beruhigte ihn Nikolai.

Die Schützengräben fielen beiden zugleich auf. Sie dachten: Das sind die Unseren. Obwohl den Informationen des Spähtrupps zufolge in dieser Gegend keine sein sollten. „Das können doch keine Geister sein!" Die Geister graben keine offenen Schützengräben. Die haben ihre Kirisen. Der Kirisen-Krieg kostete Soldaten und Technik, die Vergeltungsmaßnahmen blieben erfolglos und dienten nur der Berichterstattung an die Zentrale. Selbst die Artillerie erwies sich dabei als hilflos.

Die sowjetischen Panzergruppen wurden in der Regel unerwartet überfallen. Die Geister tauchten aus ihren getarnten Luken auf und schoßen aus nächster Nähe. Nachdem sie ihr Zielobjekt vernichtet hatten, verschwanden sie wieder in den Kirisen. Diese unterirdischen Gänge, die einst für Bewässerungszwecke gebaut worden waren, boten ihnen jetzt hervorragenden Schutz. Durch manche Kirisen konnten nicht nur Menschen, sondern auch schwere Infanteriewaffen transportiert werden. Die unterirdischen Gänge lagen unter Feldern, nahe Straßen und unter den Ortschaften. Die Kirisen unter den Kischlaks machten die sowjetischen Soldaten wahnsinnig. Eben war man aus dem Kischlak noch erbittert beschossen worden, doch kaum betrat man ihn, verschwanden Geister und Zivilbevölkerung in den Kirisen, und der Kischlak war wie ausgestorben.

Niemand war zu sehen.

Und hier plötzlich: Schützengräben.

Das war seltsam. Nikolai griff schon nach dem Funkgerät, um seinen Verdacht zu melden. Doch sein Verdacht wurde sogleich bestätigt: Fünfzig Meter vor dem vordersten Schützengraben sahen sie den ersten Geist. Er war schmutzig und zottig wie ein Pionierhund. Er stieg aus dem Schützengraben und schoß mit seinem Panzerabwehrrohr aus nächster Nähe. Das erste Geschoß prallte von der Kante der Panzerung ab und explodierte kurz vor Nikolais MTW. Das zweite traf den Turm.

„Jetzt können wir uns nicht mehr wehren!"

„Bieg' ab, bieg' ab!" brüllte Sikander. „Bieg' ab, nach links!"

Nikolai drehte bereits das Lenkrad. Er sah, daß manche Kameraden auf der Stelle tot gewesen sein mußten und daß Qualm aus dem Turm stieg. „Schneller!" brüllte der Dolmetsch. „Wir sitzen in der Falle! Es sind viele!"

Wirklich wimmelte es von Geistern. Und alle hatten sie Panzerabwehrrohre und MPs.

Ein weiteres Geschoß landete unter dem Rad und explodierte unter der Vorderachse. Unter dem Sitz schlug eine Flamme hervor. Nikolai spürte, daß sein Rücken brannte. Da er auch hier in Afghanistan, wo es aus dem Soldatenleben nicht wegzudenken ist, nie fluchen gelernt hatte, brüllte Nikolai vor Schmerz.

Der MTW ließ sich nicht mehr lenken. Man mußte so rasch wie möglich hinaus! Sikander hatte es schon geschafft. Die Flammen loderten höher. Nikolai schlug um sich und versuchte das Feuer zu löschen, während er wieder zum Lenkrad griff, auf die Pedale trat und zu wenden versuchte.

Sein Unterhemd brannte auf der Haut. Der Schmerz wurde unerträglich. Der Lack und die Kabel brannten. Er aber gab nicht auf. Er konnte seinen MTW nicht aufgeben. Was sollte er ohne ihn machen?

„Zwei Sekunden! Eine Sekunde! Eine halbe!" tickte in seinem Inneren ein hartnäckiger Zähler, der die Explosionen übertönte.

„Los!"

Er sprang aus dem MTW. „Entsetzlich! Entsetzlich!" Alles brannte. Die Kameraden waren nicht zu sehen. Nur MPs ratterten. Er sprang hinunter. Im selben Augenblick verwandelten zwei Geschoße seinen Wagen in einen Schrotthaufen. Doch das Fahrzeug leistete ihm noch einen letzten Dienst. Seine verzogene Panzerung schützte ihn so lange wie möglich. Und das Wichtigste: Er war noch rechtzeitig ausgestiegen. Wieder so wie damals mit der Kugel, als er den Gruß vom Tod vernahm. Und wie mit den tückischen Minen.

Jetzt mußte er zum zweiten MTW hinüberlaufen. Seine Kameraden hatten sich vom Schreck erholt und schossen erbittert auf den Feind. Unterwegs zum MTW traf ihn eine Kugel in die Seite. Zum Glück streifte sie nur den Muskel. Der kindische Aberglaube, daß eine Kugel zu klein wäre, um einen Menschen ganz zu erledigen, schien sich zu bestätigen. Die Kugel hatte ihn nicht „ganz" getroffen, er konnte noch rennen.

Ein Mensch, der einen Kampf beschreibt, an dem er nicht beteiligt war, ein Mensch, der nie gebrannt hat, nie verwundet worden ist, nie geschossen hat, nie Freunde sterben gesehen hat, nie zwischen brennenden Kampffahrzeugen herumgeirrt ist, kann von diesem Kampf nie das Wesentliche berichten: den Zustand der Beteiligten. Das Verblüffendste ist aber, daß auch fast kein Soldat, der in diesem Kampf brannte, verwundet wurde, schoß, Freunde verlor, mit absoluter Glaubwürdigkeit seinen inneren Zustand beschreiben kann.

Dabei waren doch die Augenblicke, von denen hier die Rede ist, die wichtigsten in seinem Leben. Andere solche würde es vielleicht nie wieder geben. Meistens gibt es sie nicht mehr. Das Leben bricht entweder ab, oder es wird langweilig wie eine Fließbandarbeit. Trotzdem kann er diese Augenblicke nicht beschreiben!

Das Gedächtnis hält nur Bewegungen fest. Springen, laufen, sich bücken, schießen, erblicken, fallen.

Nikolai rannte. Auf dem MTW seines Kumpels Sergej Struwe waren bereits vier Tote. Sie saßen ruhig, mitten im allgemeinen Tumult, angelehnt an den MTW-Turm, als wollten sie sich ausruhen. – „Entsetzlich! Entsetzlich!" Die Lenkung war blockiert, Sergej versuchte, so wie Nikolai vorher versucht hatte, den Wagen in den Griff zu bekommen, bevor er in Stücke zerrissen wurde. Nikolai kletterte auf Sergejs MTW. Zusammen mit den überlebenden Soldaten dieses und des dritten MTWs eröffnete er das Feuer auf die Schützengräben.

Ein Geschoß traf den Tank. Da war der Teufel los! Das

Fahrzeug explodierte wie ein Pulverfaß. Sergej, sein Kumpel, schaffte es, hinauszuklettern. Das war ein schlimmer Tag – ein Volltreffer, ein Brand, eine brennende Treibstoff-Fontäne, dann war alles zu Ende. Als Nächstes war der Bordschütze tot, dann der Funker. Beide auf der Stelle. Ein schlimmer, schlimmer Tag.

Neue Treffer, neue Tote. Der zweite MTW innerhalb von zehn Minuten dröhnte von Einschüssen und Flammen. Zum zweiten Mal in diesem kurzen Kampf hörte Nikolai seinen inneren Zähler: „Eine Sekunde! Eine halbe! Los!"

Er stürzte vom brennenden MTW hinunter auf die brennende, benzinübergossene Erde und rannte zum nahegelegenen Friedhof. Neben ihm liefen, fielen, schlugen Haken und schossen die Jungs vom dritten MTW, der ebenfalls bereits brannte.

Eine lange Lehmmauer zog sich den Friedhof entlang. An einer Stelle war sie durchgebrochen.

Die Geister kapierten natürlich sofort, was hier gespielt wurde, und waren sogleich hinter ihnen her. Sie stießen aber auf Gegenfeuer. Kurze MP-Läufe spuckten Tausende Kugeln aus. Die Geister wurden rabiat und liefen direkt in die Kugeln. Sie dachten nur ans Durchbrechen. Ihre MPs wollten genausowenig verstummen. Die Kugeln pfiffen über Köpfe und Gräber. Die Toten schützte der Tod, die Lebenden die Mauer.

Die Spannung des Kampfes stieg. Die Schurawi spürten ihre eigene Schwäche und die klare zahlenmäßige Überlegenheit der Geister. Sie begannen den Rückzug. Der Fähnrich vom dritten MTW gab mit heiserer Stimme kurze Befehle:

„Robben! Robben, die ersten fortrobben!" schrie er. „Die Mauer! Die Mauer entlang!"

Während die einen fortrobbten, gaben ihnen die anderen Feuerschutz. Nikolai schien der fünfte zu sein. Seine Hose und Jacke waren zerfetzt. (Vorschriftsmäßig sollten sie die Uniformen ein halbes Jahr lang tragen.)

Er versteckte sich hinter der Mauer.

„Arschlöcher!" brüllte hinter ihm der Fähnrich und ballerte mit seiner MP. „Stinkende Arschlöcher!"

Die Unterstützung kam vom Hügel, wo die anderen inzwischen stehengeblieben waren. Ein MTW, der sich zum Friedhof durchschlagen konnte, brachte auch sie auf den Hügel.

„Das war schlimm!" Der Fähnrich, völlig heiser vom Schreien, konnte sich nicht beruhigen. „So eine Falle!", und er drehte den Kopf nach allen Seiten, während ihm das Blut den Stiernacken hinunterlief.

Während des Transports hatte Nikolai keinen Schmerz gespürt. Er hatte seinen Rücken und die Kugel vergessen. Selbst im Kampf kann ein Soldat Freude erleben: ein MTW, Rettung – Freude. Ein Graben, wo man sich verstecken kann – Freude. Eine Friedhofsmauer – Freude. Ein Friedhof mit bunten Fetzen auf den Gräbern – Freude. Im friedlichen Leben bewegt sich alles, das Gute und das Schlechte. Im Krieg bewegt sich nur das Gute. Das Schlechte ist im Krieg bewegungslos, kann sich nicht mehr bewegen und ist doch immer da. –

Auf dem Hügel lag eine ganze Kompanie. Man beschoß die Geister mit großkalibrigen MGs, zwei Haubitzen waren voll im Einsatz.

Die Verwundeten legte und setzte man an die Reifen der schweren Urals(11). Als man Nikolai mit dem Rücken gegen den harten Kautschuk lehnte, wäre er fast ohnmächtig geworden. Der Schmerz ergriff seinen ganzen Rücken. Durch das Dröhnen der Schüsse vernahm er die Stimmen seiner Freunde – wie viele von ihnen mochten noch am Leben sein? Immer wieder hörte er ein und denselben Satz, den der Oberleutnant mit dem verstümmelten Gesicht wie aufgezogen wiederholte: „Vergebt mir, Jungs! Ich habe euch hierhergeführt! Ich bin an allem schuld!"

Da kamen Mi-24-Kampfhubschrauber. Jetzt waren die

Geister an der Reihe, die Hölle zu erleben. „Ihr wolltet es doch europäisch spielen, oder?" Die rosa-blauen Flammenpfeile schoben Raketen vor sich her. Fontänen von Schmutz, Sand und Steinen schlugen auf die Schützengräben und verdeckten den Himmel. Die Erde stöhnte unter den Explosionen, und ächzend gebar sie Tote.

Diejenigen, die an den Urals lagen, zeigten wenig Interesse an der Vergeltungsaktion. Unter denen, die am ersten Fahrzeug lagen, entdeckte Nikolai seinen neuen Bekannten, den Stabsdolmetscher Sikander, der nicht mehr atmete. Es war aus mit ihm. Er lag auf dem Rücken, das Gesicht nach oben. Wie erstarrt. – So stramm stehen nur unerfahrene Soldaten, wenn sie eine Auszeichnung erhalten sollen.

Tot an seinem Geburtstag. Als wäre er nie geboren worden.

Die Verwundeten warteten auf die Sanitätshubschrauber, für sie war der Kampf zu Ende. Für die einen nur vorübergehend, für die anderen auf ewig.

Die Schwerverwundeten wurden auf Bahren zu den Hubschraubern getragen. Diejenigen, die leichter verletzt waren, wurden unter den Armen gestützt. Nikolai konnte sich gerade noch ohne Hilfe zum Hubschrauber schleppen. Sein Rücken war bereits notbehandelt und fest verbunden worden. Er schmerzte aber so sehr, als wäre er noch immer im brennenden MTW. Die Schußwunde schmerzte ebenfalls. Hin und wieder wurde das Pochen im Kopf von absoluter Stille abgelöst.

Er schleppte sich durch den Sand und überlegte, in welchen der beiden Hubschrauber er einsteigen sollte, in den ersten oder in den zweiten.

Die Mi-8 ließen die Motoren laufen. Die Piloten blieben in ihren Kabinen und schauten durch die Scheiben auf die Unglücklichen, die zu ihren Hubschraubern gebracht wurden.

Mit Mühe erreichte Nikolai den ersten Hubschrauber. Er

lehnte sich an die vibrierende Karosserie und wartete, bis die Schwerverletzten verladen waren. Bei manchen waren Beine und Füße starr, bei anderen Arme und Beine verstümmelt, sodaß sie überhaupt nichts mehr zum Abbiegen hatten. Diese benötigten gleich mehrere Helfer. Hin und wieder hörte man Zurufe: „Runter mit der Bahre, du Trottel! Schlaf' nicht, Scheiße verfluchte!"

Der Augenblick, da auch Nikolai die Metallstiege hinaufsteigen hätte können, kam und kam nicht. Schließlich rief man ihm zu:

„Geh' zum anderen, hier ist schon alles voll!"

Unwillig murrend bestieg er den zweiten.

Der zweite Hubschrauber unterschied sich durch nichts vom ersten. Es zog ihn aber doch dorthin.

Die letzten armen Teufel wurden gerade in den zweiten Hubschrauber verladen. Nikolai zwängte sich zwischen der Luke und einem Kerl mit auseinandergespreizten, seltsam verrenkten Beinen hinein. Die Luke wurde verriegelt. Die Rotoren des Hubschraubers begannen sich zu drehen, die Maschine vibrierte bis in die letzte Niete. Ab und zu verstummte das Dröhnen – wahrscheinlich war das nur in Nikolais Kopf. Dann wurde es wieder lauter wie ein herannahender Zug. Nikolais Mund war trocken. So trocken ist sonst nur noch ein Soldatennapf, nachdem man den Fraß im Wind gierig verschlungen hat.

Unten an den Reifen der Schwertransporter waren viele Verwundete gelegen. Ihre Zahl schien hier im Hubschrauber noch angewachsen zu sein. Aber vielleicht schien es nur so, denn dort unten hatte es noch einen Himmel und einen Horizont gegeben. Hier jedoch, in dieser dröhnenden, stickigen Kiste, waren nur noch sie mit ihren Brüchen und Quetschungen. Kein Horizont, kein Himmel.

Nur sie, mit Brüchen und Quetschungen, blutüberströmt und taub.

Er versuchte nicht einmal die kleinste Bewegung: Es gab keinen freien Zentimeter. Sie alle verschmolzen zu einer einheitlichen Masse. Alle vergaßen das Leben, das sie in der Vergangenheit zurückgelassen hatten: in Moskau und in Kiew, in Tallinn und Taschkent, in Odessa und Kischinjow, in Minsk und Leningrad, in verschiedenen Kleinstädten und Siedlungen, auf Einzelgehöften und in Dörfern.

Diese stickige Kiste hatte fast die ganze Sowjetunion aufgenommen!

Niemand stöhnte. Niemand bat um Hilfe. Doch instinktiv suchte jeder Halt, und so drückten sich selbst die Bewußtlosen aneinander.

Er sah, wie sich auf den Verbänden Blutflecken bildeten. Als diese Flecken beim Start vor seinen Blicken zu tanzen begannen, schloß er die Augen.

Der Hubschrauber stieg gen Himmel. Dann geschah etwas, was nur sehr schwer zu begreifen war.

Eine Erschütterung ging plötzlich durch den Hubschrauber, als wäre er mit einer anderen Maschine zusammengeprallt. Erst legte er sich zur Seite und erstarrte, dann schien er schlingernd zur Erde zurückzukehren. Doch dies war keine Landung, sondern ein senkrechter Sturz! Eine Rakete hatte sich in das Heck verbissen, das Metall aufgerissen und den Rumpf in Brand gesetzt. Die Piloten versuchten verzweifelt, die Maschine in den Griff zu bekommen, doch vergeblich. Der schwere, mit Verwundeten überfüllte Hubschrauber sauste mit ersterbendem Motorengeheul dem Boden entgegen. Nikolai war sich dessen nur einen Augenblick lang bewußt. Doch in diesem Augenblick riß der Aufprall einer weiteren Rakete die Luke aus der Verankerung. Nikolai richtete die Riemen des Fallschirmes an der Brust zurecht, zog die Reißleine und stürzte sich aus dem Hubschrauber. Im nächsten Augenblick holte das brennende Wrack seinen geöffneten Fallschirm ein.

Dann war alles aus.

„Sehr geehrter Nikolai Nikolajewitsch! Sehr geehrte Anna Ignatjewna! Hier spricht das Kommando der Einheit, wo Ihr Sohn Nikolai seinen Militärdienst ableistete. Bei der Durchführung eines Kampfauftrages wurde er verwundet, setzte jedoch mit allen anderen erbittert den Kampf fort. Nachdem die Unterstützung gekommen war, sollten die Verwundeten in ein Spital transportiert werden. Da ereignete sich ein unerwarteter Zwischenfall: Der Hubschrauber, in dem sich auch Ihr Sohn befand, wurde nach dem Start abgeschossen. Seine Steuerung wurde zerstört, und er stürzte ab. Nikolai war der einzige überlebende Insasse des Hubschraubers einschließlich der Besatzung. Er wurde von den Luftlandeeinheiten in Sicherheit gebracht. Gegenwärtig befindet er sich in einem Spital in Kabul. Vor kurzem besuchten wir ihn. Trotz seiner Verletzungen an Kopf, Armen und Beinen, die er beim Absturz des Hubschraubers erlitt, sowie der aus dem Kampf stammenden Rückenverletzung befindet er sich auf dem Weg der Besserung. Zunächst war sein Zustand jedoch sehr ernst.

Hochachtungsvoll

Major Lunew, Kommandant der dritten Kompanie

Leutnant Strojew, Stellvertretender Kommandant für Politik und Ideologie. 14.4.1986

Kein Krieg kann alles vernichten. Sonst wäre es mit dem großen, blutigen Spiel schon längst vorbei. Seinem innersten Wesen von Tod, Verletzung und Gefahr wirkt die unüberwindliche Kraft des Lebens entgegen. Der Mensch aber ist zum Leben erwählt. Das Schicksal des Soldaten Nikolai Iwanow ist kein Zufall, sondern eine Gesetzmäßigkeit. Das Leben und seine blutigen Spiele brauchen ihn.

Seine Behandlung dauerte sechs Monate. Er wanderte von Spital zu Spital: von Kabul nach Taschkent, von Moskau auf die Krim.

Sein Foto wurde in der *Pravda* veröffentlicht. Danach war es noch in sieben weiteren Zeitungen. Schließlich brachten ihn die Bemühungen der Ärzte sowie seine eigene Lebenskraft wieder auf die Beine. Er wurde nach Sagorsk entlassen, zu den Verwandten und Freunden, in sein früheres Leben, dessen Erfahrungen in Afghanistan verbrannt waren.

Der Zufall und die Zeitungen machten ihn zum „glücklichsten Soldaten von Afghanistan".

In seiner ehemaligen Schule bereitete man ihm einen grandiosen Empfang. Die Veranstaltung wurde vom Bezirksparteisekretär geleitet, dem Vater jenes Burschen, der einst davon geträumt hatte, sich von Afghanistan aus in den Westen abzusetzen. Angeblich war er nie eingerückt, sondern studierte stattdessen am Institut für internationale Beziehungen in Moskau. „Wozu flüchten", lachte er. „Mit meinem Diplom komme ich auch in den Westen. Und das legal."

Auf dem Podium zählte der Bezirksparteisekretär alles auf, was Nikolai zugestoßen und von den Zeitungen beschrieben worden war.

Er vergaß weder die Kugel, der Nikolai entwischt war, noch die Minen, die neben ihm explodiert waren. Er erinnerte an zwei in Flammen aufgegangene Panzerwagen, die Nikolai während des Kampfes in letzter Sekunde verlassen hatte, und schließlich an den Hubschrauber, wo alle den Tod gefunden hatten...

Er sprach auch vom Internationalismus und schloß mit den Worten: "Es ist ein großes Glück, das alles durchgemacht und doch überlebt zu haben."

„Ein noch größeres Glück wäre es gewesen, dies alles nicht erst durchmachen zu müssen", wollte Nikolai sagen, aber als das Wort an ihm war, sagte er nur: „Ich habe nur den Dienst fürs Vaterland geleistet." Wie im Afghanenland in feierlichen Augenblicken auf dem Appellplatz.

Wenn er aufgeregt war, gehorchte ihm seine linke Körperhälfte nicht – der Arm und das Bein waren dann wie unkontrollierbare Fremdkörper. Nina half ihm vom Podium hinunter in den Saal. Hier reichten ihm viele Menschen Zeitungen mit ausgezeichneten Fotos von ihm und baten ihn um ein Autogramm. Dann drängte sich der „glücklichste Soldat des *Begrenzten sowjetischen Kontingents*" zum Ausgang durch und hinkte nach Hause.

In Sagorsk ging das gewohnte Leben weiter.

Was Nikolai von seinem afghanischen Abenteuer blieb, war tatsächlich das Gefühl, unvorstellbares Glück gehabt zu haben.

So war es.

Was nutzte ihm aber diese Erfahrung des Glücks in seiner unglücklichen Heimat?

Diese Frage konnte Nikolai, dem halbgelähmten ehemaligen Soldaten des *Begrenzten sowjetischen Kontingents* niemand beantworten.

Die Erde blieb ohne Saat

„Weiter sah ich unter der Sonne: An der Stätte des Rechts war Gottlosigkeit. Und an der Stätte der Gerechtigkeit war Frevel."

Sprüche Salomonis 3,6

Bericht des Journalisten

Ich sah sie über dem Vorgebirge. Eine Sekunde, nachdem sie über meinem Kopf aufgetaucht waren, hielt ich mir die Ohren zu und riß den Mund weit auf. Das war die einfachste Methode, die Trommelfelle vor dem Platzen zu schützen. Allerdings kannte sie hier nicht jeder.

Die siebenjährige Tochter des sowjetischen Spezialisten, der im Neubauviertel wohnte, wußte nichts davon. Die Operation „MIG" überraschte sie am Hauseingang. Das Blut, das ihr aus Ohren und Nase strömte, konnte nur der Arzt stillen.

Manche rechtgläubige Bewohner von Kabul hatten ebenfalls nie von diesen Dingen gehört. Daher war die Wirkung der Operation besonders stark.

Besonders aus psychologischer Sicht.

Sobald sich eine Menschenmenge ansammelte, tauchten sofort MIGs über der Stadt auf. Keiner schoß, keiner griff an. Die Piloten hatten einen anderen Auftrag: Die Menschen möglichst tief zu überfliegen. Gelang das, so war die Menge mit Sicherheit demoralisiert. Zwei, drei Mal, und die Menschen wurden zu Tieren.

Diese Methode war äußerst wirkungsvoll. Man konnte sie allerdings nur während der ersten Jahre anwenden, solange die Rebellen keine Raketen und Fliegerabwehrgeschütze hatten.

Zum Unterschied vom Politiker schaut der Journalist erst und analysiert später. Es gibt aber Länder und Städte, wo der Reporter nur schauen kann. Er wäre vielleicht froh, darüber nachdenken zu können, doch das Gesehene überwältigt sein Denkvermögen.

Afghanistan ist ein solches Land.

Kabul ist eine solche Stadt.

Der Politiker ist ein Zar, dem viele Möglichkeiten offenstehen, der Reporter aber ist ein Sklave des Gesehenen.

Ein Junge, der vor dem Hoteleingang aus einem Bauchladen Kent und Marlboro verkaufte, verfolgte mich in der Nacht.

Er hatte zwei verschiedene Schuhe: am rechten Fuß trug er einen riesigen, ausgelatschten Herrenschuh, am linken einen alten Damenschuh mit einem hohen Absatz. Seine zerrissene Jacke war dünn wie Zeitungspapier.

Eines Tages verschlug es mich in die Fabrik *Afghantextil.* Es war gerade Mittagspause. Über den Hof gingen einzeln und paarweise die Arbeiter. Sie zogen sich zum Gebäude am Rand des Fabriksgeländes zurück. Dort erhielt jeder seine Essensration durch ein enges Ausgabefenster gereicht. Das Essen bestand aus einer Schüssel fleischloser Suppe und einem kleinen Stück Fladenbrot.

Das war das ganze Essen.

Einmal am Tag...

Es gibt immer Menschen, die den Lauf der Geschichte beschleunigen wollen. Ihre Parole ist ebenso einfach wie ihr Wunsch: jetzt und nicht später. Sie verstehen nicht, daß ein Staat, der seit Jahrhunderten in äußerster Armut lebt, nicht mit einem Schlag reich werden kann. Daß der Islam in einem mohammedanischen Land nicht nur Glaubensbekenntnis, sondern Lebensweise ist. Sie meinen aber, unverzüglich handeln zu müssen. Die Allmählichkeit sei der Feind jeder Veränderung. Das ist das Problem aller guten Vorsätze.

Ich sah, daß die Akteure in Afghanistan, gleichgültig ob sie nun der sowjetischen oder der afghanischen Seite angehörten, genauso handelten, wie alle anderen in anderen Epochen und auch an anderen Orten. Die Ergebnisse ihrer Aktionen unterschieden sich von anderen vielleicht in der Zahl der Opfer und durch der Dauer der darauffolgenden gesellschaftlichen Agonie. Doch was soll's, für solche Menschen bedeuten die Lehren der Geschichte nichts. Diese Lehren hatten auf die Gegenwart so gut wie keinen Einfluß. Die Verantwortungsträger in Afghanistan nahmen sie genauso wenig ernst, wie Sprinter sich um die Existenz unsichtbarer kosmischer Strahlen scheren, die sie angeblich auf ihrem Lauf zum Ziel beeinflussen. Auch für sie ist nur wichtig, daß der Startschuß abgefeuert wurde. Der Startschuß wurde abgefeuert, das war das Wichtigste.

Die Weisheit, daß ein Mensch lebt, solange er nicht tot ist, wurde vom Patriarchen des Kremls, Suslow, widerlegt. Er war tot, lebte aber weiter. Das tote Bewußtsein eines Dogmatikers erarbeitete Formeln und Forderungen. Als ihm einmal schüchterne Einwände gegen die Einmischung der sowjetischen Armee in die afghanischen Angelegenheiten entgegengebracht wurden, fragte er den Zweifler hochmütig: „Glauben Sie etwa, Revolutionen würden mit Glaceehandschuhen gemacht?"

„Das einzige, was wir für diese militärisch-politische Aktion brauchen, ist sichere ideologische Deckung. Sonst nichts", meinte die graue Eminenz.

Mit der „Deckung" der afghanischen Aktion war eine große Gruppe von Leuten befaßt. Sowohl in Kabul als auch in Moskau. Zu ihnen gehörten auch die Journalisten und ihre Vorgesetzten, das heißt, jene die schrieben und jene, die kontrollierten. In die Arbeit dieser Gruppe konnten sich aber auch Vertreter anderer Gruppen einmischen, die maßgebliche Rollen in politischen und militärischen Angelegenheiten spielten. Die gesellschaftlichen Aufträge an die Journalisten jagten einander förmlich. Ihre Produkte wurden schonungslos zensuriert. Die endgültige Kastration erfolgte dann in Moskau. Hier waren die zentralen literarischen und militärischen Zensurbehörden am Werk. Keine einzige Meldung oder Reportage aus Kabul erreichte den Rundfunk oder die Zeitung, ohne diese Hürde passiert zu haben. Die Art der Berichterstattung aus Afghanistan, wie sie jahrelang praktiziert wurde, war also kein Versagen, sondern angeordnet.

Die Situation in Kabul war sehr gespannt. Ich schrieb damals die Reportage „Kabul in diesen Tagen". Auf einem Platz hatte ich eine Menschenmenge gesehen, die später von MIGs weggescheucht wurde. Ich nannte sie in meinem Bericht eine „Menschenmenge", und die Stimmung der Leute bezeichnete ich als „aufgepeitscht". Der Beamte, der diesen Bericht las, bevor er telephonisch nach Moskau durchgegeben wurde, ersetzte „Menge" durch „Gruppe". Wenig später wurde die „Gruppe" zu einem „Grüppchen".

„Eine Menschenmenge, das bedeutet Stärke," meinte er. „Wozu sollte man die Stärke der Opposition zeigen? Um unsere afghanischen Genossen zu kränken? Um zu zeigen, daß sie die Lage nicht im Griff haben? Und wozu sind denn wir schließlich hier?"

Ich hatte einen Essay über einen verstümmelten Soldaten geschrieben. Der Soldat hatte einem Offizier das Leben gerettet und dabei beide Beine verloren.

Ich kam zum Militärzensor.

„Wovon handelt der Essay?" fragte er ohne zu lesen.

Ich erklärte es ihm.

„Wirf ihn weg und vergiß die ganze Sache."

„Warum?"

„Hast du nicht vor kurzem einen Essay über einen Verwundeten veröffentlicht?"

„Ja, aber das war ein anderer Soldat."

„Ich verstehe. Hattest du dafür eine Genehmigung?"

„Ja."

„Das sollte doch genügen. Von einem hast du berichtet. Das reicht wohl."

„Verwundete gibt es aber viele. Tausende!" schrie ich.

„Und mir", sagte der Zensor gelassen, „mir wurde ein Limit von vier für das ganze Halbjahr für alle zentralen Moskauer

Zeitungen gesetzt: vier erwähnte Verwundete und ein erwähnter Toter. Hast du das verstanden?"

Maßstäbe sind variabel, das sollte man sich stets vor Augen halten: ging es um Negatives, um Versagen, so mußte dieses verkleinert werden. Errungenschaften aber waren zu vergrößern, wenn möglich um ein Vielfaches.

In Kabul nahm *Dschangalak,* eine schäbige Fabrik, ihren Betrieb auf. Es wurden dort Autos repariert. Keine andere Fabrik der Welt, einschließlich jener, die für die Raumfahrt arbeiteten, wurde in der sowjetischen Presse so oft erwähnt wie diese. So oft und mit solcher Begeisterung. Die Erklärung dafür war einfach: eine zweite gab es nicht.

Natürlich wurde das Vergrößerungsprinzip vor allem vom Botschafter selbst unterstützt. Als er der erste Sekretär des Bezirksparteikomitees gewesen war, hatte er alle Macht in seinem Gebiet. Doch dabei hatte er auch alles selbst zu verantworten, zumindest formell. Das höchste Lob, das ein solcher Gebietsherrscher im ZK der KPdSU erringen konnte, lautete schlicht und gewichtig: „In seinem Haus ist alles in Ordnung."

Diese Ordnung erreichte man überall auf die gleiche Weise: Über Mängel schwieg man, die Erfolge wurden an allen Ecken hinausposaunt. Jahrzehntelang erhielten das ZK und die Regierung aus allen Provinzen nur beruhigende Informationen. Allerdings wurde in Moskau auch nichts anderes erwartet. Dieses Wissen, wie das Breschnjew-Regime funktionierte, ist heute allgemein verbreitet. Nicht allen jedoch ist etwas anderes bereits bekannt: Wie verhielt sich der Parteisekretär von gestern als Botschafter im Ausland? (Und deren gab es viele.)

Er verhielt sich genauso wie zu Hause.

Er war Botschafter der UdSSR. Jetzt war das ganze Land sein Haus. So und nicht anders verstand er seine Position. Folglich fühlte er sich als Botschafter für alles verantwortlich. Nicht die Regierung war ihrem Volk verantwortlich, sondern er, der Botschafter der UdSSR, seinem Außenministerium und dem ZK der KPdSU.

„In meinem Haus ist alles in Ordnung", beeilte sich der Botschafter wie gewöhnlich der zuständigen Behörde zu berichten.

Und die Reporter durften ihn nicht enttäuschen.

Die zwei wichtigsten Richtlinien der Propaganda Suslows erwiesen sich als überaus beständig. Die erste: „Der Einmarsch der sowjetischen Truppen in Afghanistan war auf Bitte der legitimen Regierung des Landes erfolgt." Sie überlebte sowohl ihren Verfasser als auch den Krieg selbst. Die zweite: „Die sowjetischen Soldaten beteiligen sich nicht an Gefechtshandlungen sondern stabilisieren die Lage" hielt sich nur während der ersten fünf bis sechs Kriegsjahre. Unter dem Druck der Ereignisse und Tausender Toter verlor sie ihre Kraft und wurde schließlich fallengelassen.

Der Übergang vom absoluten Schweigen zur armseligen Glasnost war unvergeßlich.

So durfte ein Journalist berichten, daß sich neben den afghanischen Offizieren der Regierungstruppen auch ein sowjetischer Oberst mit seinem Russischdolmetsch an Kampfhandlungen beteiligt hatte. Als diese Meldung aber veröffentlicht wurde, fehlte darin der sowjetische Oberst. Nur der Dolmetsch blieb in der Reportage erhalten.

Für wen und aus welcher in welche Sprache er gedolmetscht hatte, wurde nicht erklärt.

Kein Journalist hätte zählen können, wie oft seine Zeitung die Worte „auf Bitte der legitimen Regierung Afghanistans" brachte.

Gut in Erinnerung habe ich jedoch, wie es zu den „vierzehn Appellen der legitimen Regierung Afghanistans an die Regierung der UdSSR" gekommen war.

„Schreiben Sie folgendes", sagte der ZK-Mann bei einer der Besprechungen im Konferenzsaal der Botschaft. „Die legitime

Regierung Afghanistans wandte sich an die Regierung der UdSSR ... neunmal. Nein!" korrigierte er sich selbst. „Nein. Zwölfmal. Jawohl, vierzehnmal. Alles klar?"

„Die legitime Regierung, ist das Amin?" fragte Leonid Mironow von der zentralen Parteizeitung *Pravda* .

Ein vernichtender Blick war die Antwort.

Als Leonid seine Frage auch in Moskau bei der Redaktionssitzung der *Pravda* wiederholte, wurde ihm vorgeschlagen, die Zeitung zu verlassen.

Er nahm den Vorschlag an.

Er blieb der einzige.

Es war schade um diesen Mann. Die Villa, die seine Redaktion für ihn in Kabul gemietet hatte, befand sich nur dreihundert Meter von der sowjetischen Botschaft entfernt. Um zur Botschaft zu gelangen, mußte man durch eine enge, gefährliche Gasse aus Lehmmauern gehen. Jedesmal, wenn ich Mironow verließ, stieg er auf das flache Dach seiner Villa, legte sich auf den Bauch, um nicht gesehen zu werden, und gab mir mit seiner Pistole Feuerschutz.

Im Laufe des Krieges mußte der Zaun um die Botschaft zweimal neu errichtet werden.

Der Mann, der uns Journalisten vorgesetzt war, Zahlen erfand und die Befolgung der ideologischen Direktiven auf das Strengste kontrollierte, war am wenigsten Mensch, wie auch wir Journalisten nicht wirklich Menschen waren. Alle waren wir Teile der Partei- und Staatsmaschinerie. Wie in jeder Maschine gab es auch hier Teile von unterschiedlichem Format. Uns Journalisten war, wie mir erst jetzt klar wurde, die Aufgabe der Nieten im Rumpf zugedacht. Wenn die Maschine vibrierte, mußte jede Niete mitvibrieren. Jedoch nicht auf ihre eigene Art, sondern so wie alle anderen.

Persönliche Würde blieb ein theoretischer Begriff. In Wirklichkeit war sie nicht mehr wert als ein Reibtuch, an dem man sich die Füße abstreift.

Die Reporter schrieben, was von ihnen verlangt wurde.

Man wußte, daß die DVPA von Gegensätzen zerrissen wurde. Die Fraktionen rauften miteinander wie Kettenhunde. Vor zwei Tagen hatte ein Politbürokandidat des ZK der DVPA einen Empfang gegeben. Wir hatten die Worte des Gastgebers noch gut in Erinnerung: Hundert Mann wurden in der Morgendämmerung zum Fluß gebracht. Sie waren an Händen und Füßen gefesselt. Jedem wurde ein schwerer Stein um den Hals gebunden, keiner tauchte danach je wieder auf.

So rechneten die Fraktionen miteinander ab.

Wir jedoch mußten von der ehernen Einheit der Partei berichten.

Die revolutionäre Regierung faßte einen klassischen revolutionären Beschluß: Die Ländereien der Großgrundbesitzer gehen ins Eigentum der Dechkane(12) über. Für einen Dechkan hätte sich die Regierung in Kabul genauso gut auf einem anderen Planeten befinden können. Ein Dechkan kennt nur eine Autorität: den Mullah. Der Mullah aber sagte bereits vor hundert und dreihundert Jahren: Der Boden gehört dem Herrn. Nimmst du auch nur eine Handvoll Ernte, so ist dir die Strafe Allahs sicher. Nun schlug diese unverständliche, ferne Regierung vor, den ganzen Boden zu nehmen.

Das Ergebnis war: Die Erde blieb ungepflügt. Die Erde blieb ohne Saat. Die Erde blieb unbearbeitet. Sie verwilderte.

Doch wir mußten über die Erfolge der Bodenreform berichten.

Die revolutionäre Regierung faßte einen Beschluß: In den Schulen des Landes wurde die Koedukation eingeführt.

Väter erschlugen ihre Töchter, wenn diese auch nur einen Raum betraten, in dem sich Jungen befanden. Junge Ehefrauen, die die Schule gemeinsam mit fremden Jungen besuchten, wurden zu Hause von ihren Ehemännern erstochen....

Doch wir mußten über die Fortschrittlichkeit dieses Beschlusses berichten.

Die revolutionären Behörden von Kabul organisierten einen Leninschen, kommunistischen *Subotnik*[(13)]. Und zwar am Freitag, wo meistens gebetet wird. Vierhundertsechsundvierzig Moscheen warteten in Kabul auf die Rechtgläubigen. Diese kamen aber nicht, weil sie beim *Subotnik* waren.

Das Ergebnis waren Pogrome, mit Glasscherben bedeckte Straßen, Haß gegen die Revolution, gegen die Sowjets, die Schurawi.

Alle sowjetischen Zeitungen berichteten über den Erfolg des ersten kommunistischen *Subotniks* in Kabul (der, Allah sei Dank, auch der letzte war).

Es bestand ein akuter Bedarf an Reportagen über Spione und ausländische Einmischung. *Radio Kabul,* geleitet von *Gostelradio,* UdSSR, wütete:

„Hochverehrte, edle Landsleute!" las der Sprecher herunter. „Gestern und heute gelang es in verschiedenen Teilen der Stadt, Dutzende CIA-Agenten sowie pakistanische Diversanten und deren bewaffnete Schergen festzunehmen."

In Wirklichkeit war das Problem der Spione ein ganz anderes: Die längste Zeit konnte nicht ein einziger entdeckt werden. Daher war die Begeisterung grenzenlos, als ein amerikanischer Hippie namens Robert Lee gefaßt wurde. Alle freuten sich: Die HAD (Staatssicherheitsdienst), die Cerandoi (Polizei), das ZK der DVPA, die sowjetische Botschaft. Besonders begeistert waren die Journalisten. ...

Endlich! Endlich wenigstens eine konkrete Tatsache! Man riß sich um jede, noch so unwichtige Information. Bevorzugte Interviewpartner waren immer diejenigen, die das besondere Vertrauen der hochgestellten Vertreter des ZK der KPdSU und des KGB genossen.

Im Hotel *Kabul* herrschte höchste Erregung. Die Telephonleitung nach Moskau war überlastet.

„Hast du schon darüber berichtet?"
„Ja!"
„Und du?"
„Ja!"
„Und was?"
„Das kannst du später selbst lesen. Und du?"
„Daß bald alles bekanntgegeben wird."

Jede Reportage enthielt Anspielungen auf grandiose Enthüllungen.

Einzig technische Gründe hielten mich davon ab, mich an diesem Spektakel zu beteiligen. Meine Berichte kamen über das Stadium der Proben für diese Inszenierung nicht hinaus.

Lee erwies sich als einfacher Landstreicher. Die afghanischen Bergpfade waren der beste Ort, das hohle, irdische Leben zu durchwandern. Dies hatten seinerzeit die Hippies aller Länder sehr gut begriffen und waren nach Afghanistan geströmt. Doch damals hatte Robert Lee noch nicht kommen können. Er schaffte es erst jetzt. Lee begriff bis zuletzt nicht, was mit ihm geschehen war. „Das ist ja zum Totlachen!" schüttelte er seine lange, ungewaschene Mähne. „Zum Totlachen!"

Keine einzige der politischen oder wirtschaftlichen Maßnahmen in der Republik wurde von den Afghanen selbst durchgeführt. Sie waren nur unter direkter Beteiligung der Sowjets möglich.

Die Bildung des Partei- und Staatsapparats erfolgte mit Hilfe von Beratern. Auf gleiche Weise wurde auch die Armee umstrukturiert, die sich übrigens als die stabilste aller Einrichtungen erweisen sollte. Die sowjetischen Berater kümmerten sich auch um die Schaffung eines Staatssicherheitsdienstes, einer Miliz, öffentlicher Organisationen, Zeitungen und so weiter. Hiebei wurde nichts Neues geschaffen. Ein Staatsmodell wurde in seiner schlechtesten Variante gewaltsam auf einen anderen Staat übertragen.

Diese Praktiken waren keine Erfindung der Sowjets. Sie haben viele Väter. Doch niemand, keine Macht der Welt wandte sie mit derartiger Tücke und Effizienz an, wie die Vereinigten Staaten von Amerika und die Union der Sozialistischen Sowjetrepubliken.

Niemand!

Gemäß einer direkten Weisung der Abteilung für Wissenschaft im ZK der KPdSU schufen die Funktionäre der Akademie der Wissenschaften der UdSSR gleich im ersten Jahr auch eine Akademie der Wissenschaften in Kabul. Dies war eine einzigartige Institution in einem Land mit einer Analphabetenquote von achtundneunzig Prozent.

Der Präsident der neuen Akademie der Wissenschaften sprach ein ganz hervorragendes Russisch. Er war ein charmanter Mann, der gerne Reporter empfing, mit ihnen Tee trank und kein Hehl daraus machte, daß dieses mehrstündige Teetrinken seine Arbeit in keinster Weise beeinträchtigte.

Das System der dienstlichen Hierarchie hat eine jahrhundertealte Tradition. Hier in Afghanistan wurde es auf den Kopf gestellt: Die zu Beratenden waren absolut verpflichtet, die Ratschläge ihrer Berater zu befolgen. Der erste Sekretär der DVPA durfte keinen Schritt ohne die Genehmigung seines Beraters aus dem ZK der KPdSU tun. Dem Verteidigungsminister der Republik war es untersagt, auch nur einen einzigen Befehl ohne die Erlaubnis seines Beraters zu erteilen. Diese Regelung galt für alle. Sogar das ZK des Komsomol[14] hatte in Kabul seine ständigen Vertreter, welche die DOJA[15] gründeten und betreuten.

Das war ein ebenso grandioser Einfall für Kabul wie auch für die Provinz.

Parteiberater wurden für gewöhnlich Sekretäre sowjetischer Stadtparteikomitees und Gebietsparteikomitees. Sie kannten sich im Orient nicht aus. Von Afghanistan hatten sie nur verschwommene Vorstellungen. Selbstverständlich gab es in Kabul auch Orientalisten wie zum Beispiel den hervorragenden Gelehrten Juri Gankowski, den führenden sowjetischen Afghanistanexperten. Er hatte dieses Gebirgsland lange vor diesen traurigen Ereignissen bereits kreuz und quer durchwandert. Er war mit der Lebensweise und der nationalen Eigenheit fast jedes afghanischen Stammes vertraut. Doch die einfachen Parteiberater waren mit der praktischen Arbeit beschäftigt. Sie ließen sich nur ungern selbst beraten. Jene, die mit der Ausarbeitung von Strategie und Taktik betraut waren, ignorierten sämtliche Gelehrtenmeinungen, darunter auch die Gankowskis.

Einer der Beauftragten des ZK, ein Mann mit dem intellektuellen Format eines Ex-Boxers, attackierte die Wissenschaftler fast tätlich. Seiner Meinung nach schwächten sie lediglich die für die Tätigkeit in diesem Land unbedingt erforderliche Entschlossenheit der Parteiemissäre.

Gankowski teilte uns seine Besorgnis und Bestürzung mit. Er sagte: „Sie wissen nicht, was sie tun. Sie provozieren einen jahrhundertelangen Konflikt."

Diese Worte schrieb ich 1980 mit.

Daß sie sich in Afghanistan nicht auskannten, war nicht das Hauptproblem der Berater. Vielmehr verstand sich keiner von ihnen auf eine viel wichtigere Sache: das eigene Haus zu verwalten, seinem Tscheljabinsk, seinem Gorkij, seinem Grosny, seinem Donezk sowie Dutzenden größeren und kleineren Städten im eigenen Land aus der Patsche zu helfen. Was sollten sie nun hier tun? Einen kommunistischen Subotnik organisieren? Die grüne islamische Fahne durch eine rote ersetzen? Die Koedukation in den Schulen organisieren?

Tagsüber riskierten sie Kopf und Kragen. Sie taten das mit der provokanten Geradlinigkeit von Menschen, die keine Zweifel und Schwächen kennen. Nachts, das wußte ich, fragten sie die schießende und brüllende Dunkelheit verdutzt: „Was wollen sie von mir?"

Nur dem Hochmütigsten und Engstirnigsten kamen nie Zweifel.

So tat jeder in Kabul seine Arbeit. Doch nur die der Reporter war ständig sichtbar. Alle gemeinsam und jeder für sich taten wir, was von uns verlangt wurde: Wir schufen ein attraktives Bild vom revolutionären Afghanistan. Nicht zuletzt aber schufen wir auch das Bild des sowjetischen Soldaten als Friedensstifter. Natürlich kannte ich Afghanen, die ihrem Volk aufrichtig und tief ergeben waren, die ihrem Land nichts als Wohlergehen wünschten. Genauso fand ich unter den sowjetischen Soldaten echte russische Opferbereitschaft, Herzensgüte und Selbstlosigkeit gegenüber den Afghanen. Doch abgehoben von der wichtigsten, tragischen Wahrheit, wirkten diese Beispiele verlogen.

Niemand glaubte daran.

... In Hotels und Pressebüros wurde Wodka getrunken. Teeglasweise. Man sah und durchschaute alles. Viele suchten einen Ausweg in der Spaltung ihrer Persönlichkeit: Bis hierher bin ich nur Mensch, dann nur Reporter. Natürlich billigte ich als Mensch nicht die Lügen, die Demagogie und die Entstellungen, die ich mir als Reporter erlaubte. Jeder Teil meiner Persönlichkeit lebte für sich.

Aber es funktionierte nicht.

Die Spaltung erwies sich als unmöglich.

Mensch und Reporter verschmolzen immer mehr.

Amen.

Wir sind hier im Krieg

„Ich habe nur den Befehl ausgeführt. Der Oberstleutnant befahl es dem Leutnant und dieser mir. Ich habe den Befehl ausgeführt."

Bericht eines Soldaten

Ein Wolga 21 fuhr in Richtung der pakistanisch-afghanischen Grenze.

Links von der Straße, direkt neben der Radspur, lag ein verwildertes Feld. Rechts davon war die Reute. Dort war eine sowjetische Einheit stationiert. Sie hatte Autos und Fuhrwerke zu kontrollieren und nach geschmuggelten Waffen zu durchsuchen.

In der Regel kamen die Waffen über Pakistan nach Afghanistan. Nicht umgekehrt. Also erweckte der Wolga, der in Richtung Pakistan fuhr, keinen Verdacht. Doch an diesem Tag gab es nur wenig Verkehr. Das Nichtstun führte bei den Soldaten zu einer gefährlichen Langeweile.

Der Kommandant der Einheit, Leutnant Agaryschew, verging vor Langeweile, genau wie seine Soldaten. Er allerdings war ein Philosoph. Er sagte: „So langsam die Zeit im Mittelalter auch verstrichen sein mag, nun ist sie vorbei. Genauso wird auch dieser Tag vorübergehen", hoffte er. „Trotzdem wäre es besser, wenn er schneller zu Ende ginge."

Der Wolga erschien dem Leutnant als ein hervorragender Beschleuniger: Bekanntlich ist Arbeit ein angenehmer Zeitvertreib.

Später wird das als hohe militärische Wachsamkeit interpretiert werden.

Der Leutnant befahl: „Stoppt den da. Kontrolle."

Die Soldaten gaben ein Zeichen.

Der Fahrer mußte es übersehen haben.

Die Soldaten wiederholten das Zeichen.

Keine Reaktion.

„Im Auto sitzen Afghanen", sagte einer der Soldaten. „Ein Mann am Steuer und hinten sieht es nach drei Frauen aus."

Der Ungehorsam reizte den Leutnant.

„Gebt eine Warnsalve ab!" befahl er.

Soldat Raschidow hob seine MP und schoß über das Auto.

Der Wagen fuhr noch immer weiter. Vielleicht hatte der Fahrer die Schüsse überhört? Vielleicht war der Kofferraum voll mit Waffen? In diesem Land war alles möglich.

„Aufs Auto!" befahl plötzlich der Leutnant. „Schnell!"

Zwei MP-Salven trafen den Wolga. Er wurde langsamer, ruckelte und blieb stehen. Man hörte die aus den Reifen entweichende Luft pfeifen.

„Vorsicht!" warnte Leutnant Agaryschew. „Sie könnten zurückschießen. Waffen entsichern! Das Auto umstellen!"

Aus dem Wolga hörte man Stöhnen. Die Soldaten schlichen sich von hinten an und sprangen zu den Türen. Die Türen auf der rechten Seite gingen nicht auf. Sie waren von den Schüssen deformiert.

Der Afghane am Steuer lag mit dem Gesicht auf dem Lenkrad und atmete schwer. Seine Brust und seine Oberschenkel waren blutüberströmt. Neben ihm saß eine junge Frau. Die Soldaten forderten sie auf auszusteigen, doch sie regte sich nicht.

Sie vergewisserten sich: Die Frau war tot. Sie war von Kugeln durchlöchert.

Selbst ihre Augen waren noch offen.

Hinten im Wagen sah es auch nicht besser aus. Hier saß ebenfalls eine junge Frau. Sie hatte einen Brustschuß. Dem zehnjährigen Jungen hatten sie die Hand durchschossen. Eine alte Frau und zwei Kleinkinder, ein Junge und ein Mädchen, schienen unversehrt. Doch vor Entsetzen konnten sie keinen Ton von sich geben.

Die Frau hielt beide Hände an die Brust und stöhnte laut.

Ihre Wunde blutete. Der Junge schüttelte die zerfetzte Hand und schaute um sich. Die Soldaten konnten nicht glauben, daß sie das angerichtet hatten. Doch zwei von ihnen machten sich sogleich daran, die Insassen des Autos unter Drohungen gewaltsam herauszuzerren.

„Zurück!" brüllte der Leutnant, der plötzlich wütend geworden war.

„Auf die Seite, marsch!"

Es war nicht klar, was ihn so plötzlich verändert hatte: das Gemetzel selbst oder die Verantwortung für den eigenen Schießbefehl.

Sie zogen sich aufs Feld zurück und berieten, im Kreis stehend, die Lage.

„Was sollen wir jetzt tun?" fragte ein Soldat namens Markow.

„Ist das nicht klar?" antwortete der Leutnant mit einer Gegenfrage. Jetzt wirkte er eher niedergeschlagen als wütend.

„Mir ist es nicht klar", sagte Markow herausfordernd. Er war einer der beiden, die sich sogleich über die Autoinsassen hergemacht hatten.

„Und wie soll ich es dann wissen?" schnauzte ihn der Leutnant an. „Der Kommandant soll das entscheiden! Ich werde ihm berichten, und er soll dann entscheiden."

Er verlangte nach einem Funkgerät.

Das Gespräch mit dem unsichtbaren Oberstleutnant But war merkwürdig: Der Leutnant sprach wirr und undeutlich, der Oberstleutnant schien mit etwas anderem beschäftigt zu sein. Als der Leutnant, völlig erschöpft von diesem Gespräch und der ganzen Situation, fragte, ob für die Afghanen Hubschrauber geschickt würden, war die Antwort eindeutig: „Ich kann keine Gefangenen gebrauchen!"

Später wird Oberstleutnant But behaupten, er habe mit diesem Satz etwas ganz anderes gemeint. Von den Ausführungen des Leutnants habe er nur eines verstanden: daß es in der

Gruppe der irrtümlich beschossenen Afghanen einen Leichtverletzten gab, sonst nichts.

Leutnant Agaryschew aber wollte aus diesem Gespräch am deutlichsten den Satz über die Gefangenen verstanden haben. Er hatte außerdem noch etwas anderes gehört: Spuren vernichten, höchste Diskretion.

Eben das war entscheidend. Der Leutnant verwandelte sich aus einem Kommandanten mit Befehlsgewalt in einen subalternen Befehlsempfänger. Das ändert die Sache natürlich stets. In jeder Armee der Welt wird man das bestätigen. Der Leutnant fühlte sich wieder sicher. Er musterte die Soldaten. Er stieß auf den Blick des Soldaten Raschidow und sagte:

„Soldat Raschidow! Die Verwundeten übernimmst du. Und die anderen auch."

Der Soldat schluckte und murmelte undeutlich:

„Ich kann nicht."

„Was kannst du denn?" fragte der Leutnant.

„Mit den Weibern kann er", grinste Markow. „Hier gibt's aber keine!"

Einige Soldaten lächelten gequält.

„Gut", sagte der Leutnant. „Es gibt noch andere. Markow!"

„Jawohl!" Markow machte einen Schritt nach vorn.

„Los, Markow!" Der Leutnant deutete mit dem Kopf zum Auto.

Die verletzte Frau und der Junge waren inzwischen ausgestiegen und standen neben dem durchlöcherten Kofferraum. Die alte Frau und die zwei kleinen Kinder kletterten gerade aus dem Wolga. Der blutüberströmte Fahrer half ihnen dabei.

„Jawohl", wiederholte Markow.

„Die Frau ist ja ..." stammelte einer der Soldaten.

„Was?" fragte der Leutnant.

„Sie hat einen dicken Bauch."

„Wir sind hier im Krieg und nicht im Kreißsaal."

Markow ging zum Auto.

„Und du", wandte sich der Leutnant schadenfroh an Raschidow, dem die Seelenqual ins bleiche Gesicht geschrieben war, „du kümmerst dich um etwas anderes. Du wirst sie begraben. Und danach auch das Auto."

Auf halbem Weg zu den Afghanen blieb Markow stehen, sah prüfend seine AKS an und kontrollierte das Magazin.

Als er einrückte, hatte die Mutter zu ihm gesagt: „Geh' nur, vielleicht wird die Armee einen Menschen aus dir machen. Die Schule hat ja einen Banditen aus dir gemacht."

Worauf Markow lachend entgegnet hatte: „In der Schule war ich der Beste."

Nachdem er sich vergewissert hatte, daß die Waffe in Ordnung war, ging er weiter. Die Afghanen verfolgten bestürzt jede seiner Bewegungen.

Er war sich seiner Kraft bewußt. Was er nicht wußte, war, daß jede derartige Kraft nur Werkzeug in den Händen einer anderen Kraft ist.

Vor dem Armeedienst war er ein ausgezeichneter freiwilliger Milizhelfer gewesen. Sogar im Bezirksamt für innere Angelegenheiten hatte man ihn gekannt. Man hatte ihm sogar angeboten, eine Milizschule zu besuchen. Einmal hatte er geholfen, einen gefährlichen Verbrecher festzunehmen. Die zwei anderen Fälle waren weniger heldenhaft gewesen. Er hatte zwei Männer halb totgeschlagen, sie festgenommen und auf die Wachstube gebracht. Beide hatten sich dann als gewöhnliche Säufer erwiesen. Einer von ihnen war dazu noch verrückt gewesen.

Man hatte Markow verziehen, denn schließlich hatte er nur seine Aufgabe als Wachtposten erfüllt. Seine halbe Schule war bei den Milizhelfern gewesen, an allen Wänden waren Urkunden gehangen, von der Miliz und vom Komsomol. Und es hatte keinen gegeben, der im Einsatz nicht geprügelt hätte. Auf der Milizstation, wohin die Geprügelten geschafft wurden, hatte man sie genüßlich weitergeprügelt.

So war eben die Zeit.

Er war ein Kind seiner Zeit.

... Einige Meter vor den Afghanen zog Markow plötzlich, ohne anzulegen den Abzug seiner MP.

Die Kinder zuckten länger als die Erwachsenen. Doch schließlich lagen auch sie still.

Er hatte den Befehl ausgeführt.

Das war alles.

Neben Raschidow stand der Georgier Goga und der streng aussehende Este Erik. Goga beugte sich hinunter und kotzte, als hätte er ein Stück faules Fleisch gegessen. Erik hielt Goga an den Schultern, doch verdrehte auch er die Augen so, daß nicht klar war, ob er betete oder in Ohnmacht fiel.

Markow kam vom Auto zurück.

Raschidow stürzte auf ihn zu. Der Leutnant verstand sofort und griff nach der Revolvertasche.

Raschidow stolperte, blieb aber auf den Beinen. Markow sah ihn kommen und ging langsamer. Sie näherten sich einander. Der Leutnant zog den Revolver und zielte auf Raschidows Nacken. Doch bei der kleinsten Richtungsänderung Raschidows, würde die Kugel Markow ins Gesicht treffen. Markow erhob ebenfalls seine MP. Doch Raschidow raste an ihm vorbei, ohne ihn anzuschauen. Er lief zum Wolga und schoß hastig zweimal hintereinander auf das tote Mädchen. Dann drehte er sich um und kehrte, ohne sich noch einmal umzusehen zum Feld zurück. Der Leutnant sagte: „Völlig durchgedreht. Jetzt hat er sich beruhigt." Er steckte den Revolver wieder ein.

Raschidow kam zur Gruppe zurück und schrie:

„Alle zur Grube! Wir graben eine Grube!"

Der Leutnant bestätigte: „Schnell!"

Man brauchte niemanden zu überreden, denn jeder war froh, sich durch Arbeit abzulenken. Nur nicht einander anstarren müssen. Während der Arbeit wurden sie wieder zu

Kameraden. Und zu Landsleuten. Die Grube war in Rekordzeit fertig. Die Leichen hergeschleppt, in die Grube geworfen und zugeschüttet.

Der zweite Teil der Operation war komplizierter: Einen Wolga einzugraben, ist nicht einfach. Das war schon eher eine Arbeit für einen großen Bagger. Doch Raschidow fand schnell eine Lösung: Sie starteten den MTW, fuhren zum Wolga, zielten und fuhren mit dem Sechzehntonnenfahrzeug über den Wolga. Eins, zwei, drei, der Wolga verwandelte sich in ein flaches Metallstück. Das konnte man mühelos vergraben.

Während der ganzen Zeit war auf der Straße kein Auto, keine Karawane, kein Fuhrwerk aufgetaucht. Nur die ewigen Aasgeier waren da. Sonst gab es keine Zeugen.

Ohne Gerechtigkeit könnte unsere Welt nicht eine einzige Stunde lang bestehen. Die Welt besteht, weil nicht alle das Verbrechen dulden, weil es immer jemanden gibt, der dagegen ankämpft, der um die Wahrheit kämpft.

Es verging einige Zeit. Die afghanische Seite wandte sich an die Führung des *Begrenzten sowjetischen Kontingents* und forderte Erklärungen. Es war eine Sache von wenigen Minuten herauszufinden, auf wessen Streckenabschnitt das Auto und seine Insassen verschwunden waren. Man stellte es bald fest.

Man verlangte Erklärungen. Oberstleutnant But lieferte sie: Zwar sei das Auto ein Zivilfahrzeug gewesen, doch hätten sich Terroristen darin befunden. Sie seien in einem Kampf getötet worden.

Die Afghanen entgegneten, das sei eine Lüge. Im Auto seien nur friedliche Zivilisten gesessen.

Der Oberstleutnant lieferte Beweisstücke: einige Maschinenpistolen chinesischer Herkunft und Munition dazu. Er behauptete, die sowjetischen Soldaten hätten diese im Wolga sichergestellt. In Wirklichkeit hatte die dem Oberstleutnant unterstehende Truppeneinheit sie von einer Schmugglerkarawane erbeutet.

Der Oberstleutnant wurde befragt, warum er den Vorfall nicht gemeldet habe. Von solchen Vorfällen müsse die Führung sofort in Kenntnis gesetzt werden.

„Solche Dinge passieren täglich", war die Antwort. Der Oberstleutnant spielte damit auf die Terroristen an. „Ich habe dem keine besondere Bedeutung beigemessen", fügte er hinzu. „Der Leutnant und seine Leute haben hohe Wachsamkeit bewiesen", betonte But weiter. „Sie haben ihre Pflicht erfüllt." Er habe das zu würdigen gewußt.

Man fragte den Oberstleutnant nach dem Verbleib der Terroristen. Er antwortete, daß sie zusammen mit dem Wolga begraben worden seien.

Der Wolga wurde sichergestellt. Doch die Gefallenen fehlten. Das gefiel dem Oberstleutnant: Wenn es keine Gefallenen gibt, kann man sagen, was man will. Er wiederholte: Im Auto waren Terroristen, und legte nochmals die MPs vor.

Die afghanische Seite erklärte: Sie habe die Insassen des Autos gefunden. Die Afghanen sind unübertroffene Meister, wenn es darum geht, ihre Toten zu finden und an dem Ort zu begraben, wo sie hingehören.

Der Versuch, die Geschichte zu vertuschen, war gescheitert. Gegen die Beteiligten wurde ein Strafverfahren eingeleitet und bald fand auch die Gerichtsverhandlung statt.

Die Verhandlung vor dem Militärgericht des Militärbezirks Turkestan fand in Taschkent statt. Sie war öffentlich. Es gab mehr als genug Leute, die sich an diesem schmutzigen Fall interessiert zeigten.

Gleich in den ersten Tagen des Afghanistan-Krieges war Taschkent zu einem der wichtigsten Stützpunkte geworden. Alle Militärspitäler und Krankenhäuser waren mit Soldaten-

Internationalisten gefüllt. Die bunten Straßen der friedlichen Stadt gewöhnten sich an das Stampfen der Militärstiefel. Der Krieg, welcher in einer Entfernung von eineinhalb Flugstunden tobte, betraf alle. Niemand blieb unbeteiligt. Die konservativen Usbekinnen ließen sich auf unvorstellbare Dinge ein. Sie staffierten sich mit Jeansröcken und Hosen der Firma „Montana" aus, genauer gesagt, mit Fälschungen dieser Marke, die in Kabul in kleinen Werkstätten hergestellt wurden. Auf den Balkonen saßen rekonvaleszente Soldaten, schauten nach unten auf die Gehsteige, spielten Gitarre und sangen:

„Hat das Weib ‚Montana' an,
kämpft der Mann in Afghanistan."

Der Verhandlungssaal war zum Bersten voll. Die Leute waren erregt. Die Meinungen über den möglichen Ausgang des Prozesses gingen auseinander.

„Eine Komödie", sagten die einen.

„Endlich!" sagten sie anderen.

Oberstleutant But, der genauso wie die Soldaten der Einheit des Leutnant Agaryschew zur Verhandlung vorgeladen war, zeigte offen seine Unzufriedenheit: Er hielt den ganzen Prozeß für den Gipfel der Ungerechtigkeit. Außerdem war allen klar, daß sich das Gericht in einer sehr schwierigen Lage befand, da die Schlüsselfigur, Leutnant Agaryschew, bei der Verhandlung fehlte. Leutnant Agaryschew hatte einen mehr als triftigen Grund, nicht zum Prozeß zu erscheinen: Er lag mit einem Kopfschuß im zentralen sowjetischen Militärspital von Kabul. Kurz vor Prozeßbeginn hatte ihn sein eigenes Schicksal ereilt. Seine Einheit war bei Surubi in einen Hinterhalt geraten, wobei er eine schwere Verwundung erlitten hatte. Als Folge davon hatte er das Bewußtsein verloren, sein Erinnerungsvermögen, aber auch jegliche Gefühle. In einem derartigen Zustand konnte er natürlich keine Aussage machen, und nach Meinung der Ärzte würde er auch nie mehr dazu in der Lage sein.

Also hatten sich nur zwei Personen vor dem Gesetz zu verantworten: Oberstleutnant But und der Soldat Markow. Die anderen waren als Zeugen geladen.

Der Prozeß kam nur mühsam voran. But leugnete jegliche Verantwortung ab. Er behauptete, der Leutnant sei schuld, da er seine Worte falsch interpretiert habe. Außerdem sei der Lagebericht des Leutnants sehr unklar gewesen.

Der Verteidiger des Oberstleutnants erklärte, daß die Funkverbindung zwischen dem Ort der Kampfhandlung und der Kommandostelle von But sehr schlecht gewesen sei und daß es daher leicht zu Mißverständnissen habe kommen können. Ein Experiment, das im Laufe der Ermittlungen durchgeführt worden war, hatte ergeben, daß dies tatsächlich nicht auszuschließen war. Doch der Oberstleutnant selbst sprach von einer guten Verbindung. Nur der Bericht des Leutnants sei unverständlich und verwirrt gewesen.

Soldat Markow bestritt ebenfalls seine Schuld. Er zitierte die Dienstvorschriften: Ein Befehl des Kommandanten ist für den Untergebenen Gesetz. Von sich aus fügte er hinzu: „Der Oberstleutnant befahl es dem Leutnant und dieser mir. Ich habe den Befehl ausgeführt."

Der Verteidiger Markows erinnerte an Calley[(16)] und fügte hinzu, daß selbst in den USA nicht die Soldaten, die den verbrecherischen Befehl ausgeführt hatten, sondern der Leutnant, der ihn erteilt hatte, vor Gericht gestellt worden war.

Es fand sich ein Mann, der sich erinnerte, daß es 1937, in einem der blutigsten Jahre in der Geschichte der Sowjetunion, in den Dienstvorschriften der *Roten Armee* einen Paragraphen gegeben habe, wonach der Soldat Markow jetzt, fünfzig Jahre später, verurteilt hätte werden können. Darin hatte es geheißen, daß ein Soldat verpflichtet sei, alle Befehle des Kommandanten auszuführen, außer solchen, die offensichtlich verbrecherisch waren.

Jetzt, da es diesen Paragraphen schon längst nicht mehr gab, durfte ein Soldat deswegen nicht mehr angeklagt werden.

Heftige Diskussionen entbrannten daher um die Grausamkeit der Tat. Die Art, wie der Soldat den Befehl ausgeführt hatte, wurde als Reaktion auf die Grausamkeiten der Afghanen gesehen. Die Logik dieses Krieges führe zu gegenseitigen Grausamkeiten.

Die Zeugen sagten aus, daß die Soldaten nie wußten, wer unter den Afghanen Freund, wer Feind war. Die Soldaten sahen: Aus den Kischlaks, wo die feindlichen Rechtgläubigen lebten, die sie zu schützen hatten, wurden sie, die sowjetischen Soldaten, mit allen möglichen Waffen beschossen. Wem konnte so etwas schon gefallen? Gerüchte über Leichenschändungen und das Schicksal sowjetischer Gefangener verbreiteten sich blitzschnell in der Armee. In allen Unterständen, Zelten und Kasernen des *Begrenzten sowjetischen Kontingents* waren die Greueltaten der islamischen Fanatiker bekannt.

"Was erwarten Sie denn jetzt von den Unseren?" fragten die Veteranen. Ein Soldat aus der Einheit des Leutnants Agaryschew, der als Zeuge zum Prozeß vorgeladen war, berichtete folgendes:

„Die Gesichter hatten sie natürlich auch zur Unkenntlichkeit verstümmelt. Selbst Frauen und Kinder hatten sich dabei mit Messern beteiligt. Das kommt bei ihnen vor."

Es wurden Geschichten von verstümmelten sowjetischen Soldaten erzählt, deren ausgeweidete Bäuche mit Erde gefüllt worden waren. Darin fanden sich Zettel mit der Aufschrift: „Da habt ihr unsere Erde."

Auf diese konkreten Beispiele afghanischer Grausamkeiten, wie sie sowohl im Gerichtssaal als auch auf den Korridoren und Straßen zur Sprache kamen, folgten Theorien über die Gründe dafür. Es hieß, der Krieg sei eine schwere Prüfung für alle. Während die einen Mut und Barmherzigkeit zeigten, rief er bei den anderen Feigheit und Gemeinheit hervor. Dabei konnte nicht immer von Schuld gesprochen werden. Wo Iwanow standhaft blieb, brach Petrow zusammen. Manche kamen gestärkt aus dem Kampf, andere direkt ins Narrenhaus.

Es hieß: Eine Gesellschaft, die ihre Soldaten in ein fremdes Land schickt, müsse, selbst wenn sie dabei die edelsten Ziele verfolge, auf negative Erscheinungen wie Grausamkeit, Fanatismus und Haß gefaßt sein.

Es hieß: In Afghanistan sei das ganze Land zum Schlachtfeld geworden. Die Soldaten haben alle Greuel eines solchen Krieges zu sehen und zu spüren bekommen. Die Soldaten seien mit einer allgegenwärtigen Front, die quer durch die Kischlaks und die Familien verlaufe, konfrontiert. Die Entwicklung der Geschehnisse, die Atmosphäre selbst trügen dazu bei, daß viele gestern noch anständige, gewissenhafte, junge sowjetische Leute zu offenen Menschenfeinden würden. Zu Mördern. Zu Sadisten. Das sei der Preis des Internationalismus, dagegen sei man machtlos.

Es hieß: Zwischen den freiwilligen Kämpfern im Spanischen Bürgerkrieg in den dreißiger Jahren, die von ihren Überzeugungen geleitet waren, und den Soldaten der achtziger Jahre, denen man unmittelbar vor dem Transport nach Afghanistan auf dem Appellplatz mitgeteilt habe, daß sie ab nun Soldaten-Internationalisten seien, bestehe ein riesiger Unterschied. Das müsse berücksichtigt werden.

Das Gericht konnte Oberstleutnant But allerdings nicht dafür schuldig sprechen, daß die Afghanen auf seinen direkten Befehl erschossen worden waren. Denn ein Funkspruch ist kein schriftlicher Befehl. Die Worte des Oberstleutnants konnten tatsächlich beliebig interpretiert werden. Und Leutnant Agaryschew hatte sie so ausgelegt, wie es ihm am vorteilhaftesten erschienen war. Den ursprünglichen Befehl, auf den Wolga zu schießen, hatte er und nicht der Oberstleutnant erteilt. Das war eine Tatsache. Das Blut der Unschuldigen war aufgrund seines direkten Befehls vergossen worden.

Und der Mord?

Das Gericht legte Oberstleutnant But etwas anderes zur Last: die vorsetzliche Verheimlichung einer Erschießung vor den Vorgesetzten. Dazu kam noch der Kniff mit den Waffen, um die Spuren der Tat seiner Untergebenen zu verwischen.

Beide Vergehen zusammen ergaben fünf Jahre Gefängnis. Die bekam der Oberstleutnant.

Doch ins Gefängnis kam er nicht. Er wurde amnestiert. Das Land feierte den Jahrestag des Siegs über Hitler-Deutschland. Die Amnestie war gesetzlich vorgesehen.

Der Soldat Markow wurde ebenfalls zu fünf Jahren verurteilt, allerdings zu Arbeitslager mit verschärften Haftbedingungen. Unter die Amnestie fiel er nicht, denn schließlich war er des Mordes schuldig befunden worden.

Die Bürger Taschkents waren empört. Die ehemaligen Soldaten-Internationalisten waren entrüstet. An die Kameraden des Militärbezirks Turkestan und an die Militäroberstaatsanwaltschaft ergingen Petitionen. Moskau legte schließlich gegen das Urteil Berufung ein. Doch nur bezüglich des Oberstleutnants. Seine Akte wurde zu weiteren Ermittlungen zurückgeschickt.

Dabei kam ein neuer Umstand zutage: Oberstleutnant But hatte persönlich einen unbewaffneten, friedlichen Afghanen ermordet. Die Tat war während eines regulären Überprüfungsfluges über das afghanische Vorgebirge verübt worden. Der Afghane war ihnen von oben aufgefallen. Er war auf der Straße mit einem japanischen Motorrad gefahren. But hatte den Hubschrauber landen lassen. Der Afghane war mitsamt seinem Motorrad in die Kabine hineingezerrt worden. Während des Fluges hatte But den Gefangenen, der nicht verstand, was mit ihm geschah, erschossen. Sodann hatten sie den Körper aus großer Höhe auf die Felsen hinabgeworfen. But versicherte, daß der unbewaffnete Afghane ihn bedroht hatte. Ihn und die sieben, bis an die Zähne bewaffneten Soldaten.

Im zweiten Verfahren wurde But zu sechs Jahren Freiheitsstrafe verurteilt. Diesmal hatte er keinen Anspruch auf Amnestie. Außerdem wurde er degradiert.

Der Sieger denkt nur an seinen Sieg, der Verlierer nur an sein Schicksal.

But verbüßte seine Strafe in einem weißrussischen Gefängnis. Von dort schrieb er dem Autor dieses Buches: „Ich wurde zu Unrecht verurteilt. Ich bin völlig unschuldig. Die Soldaten meiner Einheit haben bei minimalen Verlusten achthundertfünfzig Rebellen liquidiert. Jetzt sitze ich wegen einem! Wo ist da die Gerechtigkeit? Ich hielt ihn doch für einen Feind!

Ich bin der Vater von zwei Söhnen. Was werden die von mir denken? Ich sagte ihnen immer, sie sollten ehrliche, der Heimat ergebene Menschen werden, echte Patrioten. Ich brachte ihnen Fallschirmspringen und Schießen bei, lehrte sie, ihr Land zu verteidigen. Und nun behandelt dieses Land ihren Vater so ungerecht. Ich werde um Gerechtigkeit kämpfen, und ich werde sie schließlich erlangen."

An den Generalstaatsanwalt der UdSSR erging ebenfalls ein Brief. „Wir, die ehemaligen Soldaten-Internationalisten und derzeitigen Studenten des Leningrader Instituts für Medizin, Sanitätswesen und Hygiene sind empört über das Urteil gegen unseren Kameraden Markow. Denn das Militärgericht hat dabei die Dienstvorschriften außer acht gelassen, was unzulässig ist und eine Verletzung der Prozeßvorschriften darstellt. Als wir unter Gefechtsbedingungen waren, wußten wir ganz genau, daß der Befehl des Vorgesetzten für den Untergebenen oberstes Gebot war. Wir wußten das. Ist es möglich, daß das dem Militärgericht nicht bekannt war? Wir fordern daher eine Revision dieses Falles. Der Platz Markows ist, so wie er es sich erträumt hatte, hier bei uns am Institut und nicht im Gefängnis. Er wird ein guter Arzt werden. Er war ein guter Soldat. Wir hoffen auf den Triumph der Gerechtigkeit."

Der ehemalige Soldat-Internationalist, Soldat des *Begrenzten sowjetischen Kontingents* in Afghanistan, Alexei Markow, wurde unter Bewachung in die Haftanstalt gebracht. Sein neuer Weg führte am Institut vorbei, wo seine Kameraden, die von seiner Unschuld überzeugt waren, studierten. Er führte an der Schule vorbei, wo er, wie er selbst sagte, der Beste gewesen war. Er führte schließlich am Elternhaus vorbei, wo seine Mutter mit Ungeduld auf ihn wartete.

Ihre Hoffnung, daß der Sohn durch den Armeedienst zu einem Menschen würde, hat sich nicht erfüllt.

Sie hat sich in nichts aufgelöst.

Die blutige Kläranlage des Krieges

„Eine Fehlgeburt hat es besser als er. Denn sie kommt ohne Leben, und in Finsternis fährt sie dahin, und ihr Name bleibt von Finsternis bedeckt, auch hat sie die Sonne nicht gesehen, noch gekannt; so hat sie mehr Ruhe als jene."

Sprüche Salomonis 6, 3-5

Bericht des Journalisten

Jeden Morgen beim Erwachen dachte ich: „Du lieber Herrgott, heute wieder dasselbe."

Weiße Krägen, blaue Flanelljacken mit rechteckigen, aufgesetzten Taschen, weite zerknitterte Hosen und Pantoffel. Weißer Gips auf Armen und Beinen, verbundene Köpfe und Hälse.

Die blutige Kläranlage des Krieges, das zentrale sowjetische Militärspital, lag in einem relativ ruhigen Viertel von Kabul. Bevor man das Spitalsgelände betrat, mußte man vor einem hohen, eisernen Tor mit roten Sternen anhalten. Links vom Tor stand ein Posten. Rechts an der Wand des Eckgebäudes prangte ein riesiges, buntes Panneau. Herab blickten brave Soldaten-Internationalisten im strahlenden Licht der Kremlsterne. Hinter dem Tor begann das brüllende, stöhnende, verblutende Reich der Militärmediziner.

Unter den Journalisten brannten nur wenige darauf, hier die Wahrheit zu erfahren, am allerwenigsten die sowjetischen. Erstens wollte jeder seine Nerven schonen. Zweitens ist eine Wahrheit, die sieben Jahre lang nicht gefragt war, schwerer als die Lüge zu ertragen, die inzwischen so hoch im Kurs stand.

So brannte auch ich nicht darauf.

Doch manchmal hat man keine Wahl. Eine Woche vor meiner nächsten Dienstreise nach Kabul wurde ich in die Arktis, zum Nordpol geschickt. Am Pol wurde ein grandioses Spektakel inszeniert: Man würdigte die Teilnehmer der gemeinsamen sowjetisch-kanadischen Expedition, der es gelungen war, die Arktis erstmals auf Schiern zu durchqueren.

Als die Feuerwerke am arktischen Himmel blitzten und donnerten, bekam auch ich eine Leuchtrakete. Leider eine sowjetische.

Die Rakete ging in meiner Hand los.

Ähnliche Fälle waren in der Armee keine Seltenheit. Viele Soldaten und Offiziere wurden Opfer mangelhafter pyrotechnischer Produkte. Bomben, die während Gefechtsübungen abgeworfen wurden, explodierten nicht und Leuchtpatronen, die in der Luft explodieren sollten, gingen bereits in der Hand los.

Doch das ist Angelegenheit der Armee. Mir geschah dies allerdings im Rahmen einer feierlichen Zeremonie, noch dazu einer im Namen des Friedens und des Sports.

Der Expeditionsarzt behandelte die Wunde. Einen Tag später kehrte ich nach Moskau zurück. Weitere fünf Tage danach befand ich mich bereits im hitzeglühenden Kabul. Ich bekam eine starke Blutvergiftung, die mich direkt ins Spital brachte.

Jeden Morgen beim Erwachen dachte ich: „Du lieber Herrgott, heute wieder dasselbe."

Zweiundzwanzig Tage lang fuhr mich der luxuriöse, tabakfarbene Mercedes des Leiters der Korrespondentenstellen des sowjetischen Fernsehens in Kabul, Michael Leschtschinski[(17)], zum eisernen, grüngestrichenen Tor mit den roten Sternen und dem bunten Panneau.

Ich wurde in der Abteilung für septische Chirurgie behandelt. Diese Abteilung wurde von einem jungen Tadschiken aus Duschanbe[(18)], Oberstleutnant der Medizin Abduwali Gafarow, geleitet. Wenn nicht zu viele Verletzte neu aufgenommen werden mußten, behandelte er mich persönlich. Er reinigte, operierte, sparte nicht mit schmerzstillenden Injektionen und probierte an mir die Wirksamkeit der neuesten Salben aus, die zu diesem Zweck aus der Sowjetunion ins Afghanenland geschickt wurden.

Ringsumher war alles erfüllt von weißen Krägen, blauen Flanelljacken mit aufgesetzten rechteckigen Taschen und zerknitterten, weiten Hosen. Auch weißer Gips auf Armen und Beinen war überall zu sehen.

Viele Verwundete lagen auf Transportwagen. Sie glichen Mumien in festen, weißen Hüllen. Wer gehen konnte, schob Transportwagen mit Bettlägrigen vor sich her und suchte nach besseren Plätzen für sie.

Die meisten Verletzten saßen auf den Bänken. Sie saßen wie in einem Stadion unter den dichten, weitverzweigten Bäumen, rauchten und warteten.

Ein Konzert begann.

Rechts von mir saß Oberstleutnant Abduwali Gafarow, links die Krankenschwester Galina Sokol. Wenn Abduwali mit der Desinfektion meiner Hand fertig war, legte sie den Verband an. Sie machte das hervorragend. Das schmale Mädchen aus der Ukraine kannte keine Pause: sie wechselte dreißig, vierzig, manchmal sogar fünfzig Verbände am Tag. Mehr als fünfzehntausend pro Jahr.

Obwohl Abduwali den Liedern zuhörte und seine Füße dazu den Rhythmus mitklopften, beobachtete er mit scharfem Blick die Kranken, die auf den Wagen lagen.

„... Die ermüdete Sonne
nahm vom Meer zärtlich Abschied ..."

sang Jossif Kobson(19) einen bekannten, schwermütigen Tango, der noch aus der Zeit vor dem Zweiten Weltkrieg stammte.

Die Fenster der benachbarten Gebäude standen weit offen: Dort lagen die schwersten Fälle. Doch auch sie wollten zuhören.

„... die Lieb' ist dahin ..."

Nahe einem MTW hinter der weißen Mauer, die das Spitalsgelände umfaßte, war eine amerikanische Flagge zu sehen. Sie wehte über dem Gebäude irgendeiner Mission. Am Eingang des Gebäudes blühte Jasmin. Drei Jahre später sollte ich ein anderes, ein Spital für Veteranen besuchen, das in einer malerischen Gegend bei Seattle, Washington, lag. Ich sollte die Verbrüderung der vierzigjährigen Kriegsgeschädigten des Vietnamkrieges mit den zwanzigjährigen invaliden „Afghanen" mit sowjetischen Fähnchen an den Krägen miterleben. Unmittelbar davor nahm ich am Empfang im US-Kongreß in Washington teil, der zu Ehren der ersten offiziellen Delegation sowjetischer Afghanistansoldaten und deren amerikanischen Gastgebern gegeben wurde. Die Gastgeber waren die „Waffenbrüder" der Sowjets, ehemalige Vietnamsoldaten. Doch bevor in der Welt derartig tiefgreifende Veränderungen stattfanden, und die Wahrheiten über zwei ungerechte Kriege einander näherrückten, mußten noch drei Jahre vergehen.

Gleich hinter mir lag ein völlig stummer Soldat. Er lag auf dem Krankenwagen unter einem dünnen Laken.

„Vorige Nacht", neigte sich Abduwali Gafarow zu mir, „starben zwei seiner Freunde. So. Es hat sie eben alle zusammen erwischt. Jetzt sind sie tot, und er weiß es noch nicht einmal."

Der Kopf des Soldaten war verbunden, sogar seine Ohren waren verdeckt. Er schien mit den Augen zu hören. Direkt neben meiner Schulter waren seine verbrannten Sohlen unter dem Laken zu sehen.

„Ist dir nicht kalt, Kind?" fragte Kobson plötzlich den Soldaten durch das Mikrophon. „Wenn ja, so nimm mein Sakko."

„Nnnnn ..." schüttelte der Verwundete seinen weiß verhüllten Kopf.

„Hol' eine Decke aus dem Zimmer, schnell!" befahl Gafarow einem Pfleger mit einer zotigen Tätowierung auf der Brust. „Schnell!"

Der Pfleger rannte ins Haus und brachte eine Decke. Er deckte den Soldaten fürsorglich zu und starrte dann wieder, an den Nägeln kauend, auf die improvisierte Bühne.

Die Künstler aus der Sowjetunion kamen nur selten ins Afghanenland. In den ersten Kriegsjahren gab es überhaupt keine Besuche. Die Generäle beschlossen, daß es genüge, wenn die Soldaten mit Waffen ausgerüstet wären. Sie waren bewaffnet. Doch auch ihre Seele hätte bewaffnet oder zumindest gestärkt werden müssen. Doch an die Seele hatte niemand gedacht. Die Soldaten halfen sich selbst. Doch wie gut man sich auch selbst zu versorgen vermag, ein Profi ist nur schwer zu ersetzen.

Der Sänger sang, und die Soldaten seufzten.

„Man hört hier Verschiedenes", sagte Gafarow leise. „Angeblich beginnen sie zu Hause schon wegen uns herumzumotzen."

„Stimmt", bestätigte ich, „doch man hört auch andere Ansichten. Es wird nicht nur herumgemeckert."

„Na, und was sagen die zu so etwas?" Er deutete mit dem Kopf auf den Soldaten mit den Verbrennungen.

„Die können ja nichts dafür", sagte ich. „Man meckert ja an der Sache an sich herum."

„Scheiße", mischte sich plötzlich der Pfleger ein, der die Decke geholt hatte. „Scheiße!"

Er ließ sich durch die Anwesenheit des Oberstleutnants nicht stören. „Wird irgend jemand irgendwann die Rechnung dafür bezahlen? Für diese Sauerei!"

„Es sieht nicht danach aus", sagte ich.

„Reg' dich nicht auf", sagte Gafarow ganz friedlich zum Pfleger. „Das habe ich nicht gemeint."

„Und ich meine eben das!" sagte der Krankenpfleger herausfordernd. „Wenn ich nach Hause komme, werde ich mindestens einen erwürgen. In seinem eigenen Sessel."

„Warum im Sessel?" fragte ich.

„Weil der Boss immer im Sessel sitzt", erklärte der Pfleger. „Auf seinem fetten Arsch. Und ..."

Der Beifall für den Sänger übertönte die letzten Worte des Pflegers.

„Über die Liebe! Über die Liebe!"

Kobson hob die Hand: „Sofort!" Und er sang:

„Oh sagen Sie warum
sind wir nicht mehr zusammen..."

Die Schlange vor dem Verbandraum der Abteilung für septische Chirurgie sah folgendermaßen aus: Gleich neben der Tür auf einer Bank saßen diejenigen, die noch gehen konnten. Das waren in der Regel Soldaten mit Verletzungen an den Armen, am Rücken, an den Schultern und am Kopf.

Den anderen Teil der Schlange bildeten die Bettlägerigen. Sie lagen auf Bahren und wurden von den Rekonvaleszenten aus ihren Zimmern geschoben. Die Bahren stellte man im Korridor meist gegenüber der Tür zum Verbandraum ab.

Zwischen den beiden Schlangen, den Bettlägrigen und den Gehfähigen, gab es nie Konflikte. Im Gegenteil, oft kauerten die Gehfähigen am Kopfende der Bahren und boten den darauf Liegenden bereits angezündete Zigaretten an. Diese machten einen Zug und blinzelten ihnen dankbar zu. Die „Bahrenschlange" war nie zu lange, weil die „Bank" das nicht zuließ.

„Los! Los!" deuteten die Kranken mit verbundenen Köpfen und Armen. „Wir rauchen noch eine. Wir haben's nicht eilig. Wir sind ja im Dienst."

Und sie rauchten. Nicht nur Tabak, auch Haschisch.

Im Verbandraum war es eng. Dort befand sich ein schmaler Operationstisch mit zwei speziellen Stützvorrichtungen für verletzte Arme und Beine, ein Instrumententisch und ein Medikamentenschrank. Zu beiden Seiten des Operationstisches standen an den Tischbeinen zwei Schüsseln für gebrauchtes Verbandzeug und Tampons.

Die an den Wunden haftenden Binden wurden aufgeweicht. Wenn das nicht möglich war, wurde Anästhesie angeboten. Doch beim Anblick der Spritze sagten die meisten: „Nicht nötig! Mach' schnell!"

Galina Sokol riß an und sagte: „Brav! Wie mein Mann!"

Alle wußten, daß die Krankenschwester nie einen Mann gehabt hatte. Die meisten Krankenschwestern, die ins Afghanenland gingen, um dort einen Mann zu finden, hatten aus irgendwelchen Gründen keinen Erfolg.

„Hoffnung ist mein lebendiger Kompaß..."
kam es vom Sänger.

Am Fenster eines benachbarten Gebäudes lag ein Soldat, dessen größter Wunsch es war, zu sterben.

Doch man ließ ihn nicht sterben.

Es fehlten ihm beide Beine und ein Arm. Auch sein Gesicht war zerfetzt.

Er war direkt vor dem Tor der Kaserne auf eine Mine getreten.

Man ließ ihn nicht sterben. „Du mußt leben", versuchten ihn der Arzt und ein junger General, der in der Zeit, als er noch Oberstleutnant gewesen war, völlig ergraut war, zu überreden. „Ich sag' dir, du mußt leben." Und jedesmal, wenn der General zu seiner Division zurückfuhr, versprach er wiederzukommen.

Etwas mußte sie stark verbunden haben.

Im selben Krankenzimmer lag Soldat Sergej Bunin.

Sergej Bunins Einheit war auf eine starke Feindesgruppe gestoßen. Wie sich herausstellte, handelte es sich dabei um die feindliche Sicherung. Diese hatte wirklich einiges zu bewachen: ein Waffenlager, Raketenstartfahrzeuge, Schweizer Flaks. Von hier aus wurden sowjetische Flugzeuge und Hubschrauber auf ihrem Weg von Kabul nach Djalalabad beschossen. Einmal wurde sogar ein Passagierflugzeug getroffen, das an den Felsen zerschellte.

Nach diesem Nest war schon seit langem erfolglos gesucht worden. Bunin und seine Freunde waren durch Zufall darauf gestoßen.

Das Gefecht war kurz und grausam. Nur Sergej überlebte das Feuer. An beiden Beinen schwerverletzt und mit durchschossener Brust konnte er seinen Verfolgern entkommen. Drei Tage lang versteckte er sich in Berghöhlen. Nachts kroch er über spitze Felsen. Bei Tag hing über den Bergen eine Hitzeglocke, nachts war es kühler, doch litt er unter den Schmerzen. Bald aber begriff er, daß der Schmerz kein Feind, sondern sein Verbündeter war. Der Schmerz brachte ihn immer wieder zur Besinnung, sodaß er sich weiterschleppte und nach seinen Leuten suchte. Er kroch und überwand Felsspalten, Steinbrocken und stacheliges Gestrüpp. In dieser Zeit befolgte er unbewußt eine der wichtigsten Lehren des menschlichen Seins: Nicht der Erschöpfte stirbt, sondern derjenige, der aufgibt.

Er gab nicht auf und überlebte. Er überlebte und erreichte die Seinigen am vierten Tag. Er kam zum Wachtposten der sowjetischen Gefechtssicherung. Seine Informationen wurden sofort an den sowjetischen Regimentsstab weitergegeben. Noch am selben Tag wurde ein Bomben- und Raketenangriff durchgeführt. Das Nest hörte zu existieren auf.

Aber Sergejs Kräfte waren erschöpft. Bewußtlos wurde er ins Spital von Kabul eingeliefert. Jetzt aber kam alles langsam wieder ins Lot.

„Der hat Glück gehabt", sagte einer der Ärzte zu mir.

„In mondhellen Nächten hätte er nicht überlebt. Doch während er unterwegs war, waren alle Nächte finster."

„Ja", stimmte ich zu, „bei Mondschein wäre er sicher entdeckt worden."

„Das habe ich nicht gemeint", erwiderte der Arzt. „Mit solchen Verletzungen kann man in mondhellen Nächten nicht überleben. Das Mondlicht nimmt dem Blut seine wichtigste

Eigenschaft: die Gerinnbarkeit. Das Blut fließt aus den Wunden wie Wasser. In den finsteren Nächten aber", fügte der Arzt hinzu, „ist das anders. Die Verletzten auf dem Gefechtsfeld überleben dann in der Regel."

Sergej selbst erklärte seine Zähigkeit anders.

„Wahrscheinlich habe ich überlebt", sagte er, „weil ich über diesen Scheißstützpunkt berichten mußte. Die konnten doch noch eine Menge unserer Leute zugrunde richten. Ich kroch und dachte, ich muß es schaffen. Muß wenigstens einen von unseren Leuten sehen und ihm sagen: ‚Dort sind sie.' und ihm erklären, wo."

„Manchmal ging es nicht mehr", gestand er. „Ich hatte keine Kraft und dachte, das wäre das Ende. Einmal kroch ich an eine Schlucht, die mindestens dreihundert Meter tief war, und dachte: ‚Das ist es, was du brauchst.' Doch konnte ich mich zurückhalten. Dank dem Scheißstützpunkt. Ich mußte ja darüber berichten."

Die Geschichte Sergej Bunins war einfach, wie Tausende andere Kriegsgeschichten auch. Doch ich dachte, diese Geschichte erkläre sehr wichtige Dinge, nämlich daß es sehr wohl möglich ist, ohne Ziel und Pflichtgefühl zu leben, nicht aber zu überleben. Bunin trieb nicht nur der Lebenswille, den alle besitzen. Alles Lebende: der Mensch, das Kalb und der Papagei lieben das Leben. Das ist verständlich. Doch dieses im Grunde genommen jedem verständliche Ziel zu überleben, ist nicht allmächtig. Mehr noch: Es ist schwach: Seine Reserven sind leicht erschöpfbar. In der Lage, in der Bunin sich befand, hätte der Lebensdrang allein nicht ausgereicht. Nicht diejenigen überleben, die einfach das Leben und seine Blüten lieben.

Es überlebt derjenige, der seine Pflicht gegenüber dem Leben erkennt.

Wahrscheinlich ist es so.

Die meisten Schwerverletzten lagen schweigend mit geschlossenen Augen da. Wenn die Krankenschwester kam, um ihnen die Lippen zu befeuchten oder geronnenes Blut mit nassem Mull aus den Mundwinkeln zu wischen, öffneten sie die Augen und murmelten etwas. Sonst lagen sie fast immer still.

Manche zogen Laken oder Decken über ihr Gesicht. Ob zum Schlafen oder wegen ihrer Schmerzen, wußte niemand. Höchstwahrscheinlich wegen der Schmerzen.

Niemand wußte, welche Anstrengung sie das kostete. Niemand weiß von den Tausenden oder Millionen Menschen, die ihren Schmerz still ertragen müssen. Nicht nur im Krieg, nicht nur in Spitälern, sondern auch im Alltag.

Nur wenige kämpfen, leiden oder sterben so, daß alle es sehen. Die meisten werden mit dem Schmerz und schweren Prüfungen unauffällig fertig. Ohne Zeugen. Im Krankenzimmer, in der Enge eines U-Boots, im Cockpit eines brennenden Flugzeugs, in der Finsternis der Nacht über einem Abgrund. Dieser der Welt unsichtbare Kampf, diese millionenfache, ununterbrochene Überwindung von Schmerzen und Hindernissen, der Wille zu überleben und standzuhalten, sind es, was von Jahrhundert zu Jahrhundert das Menschengeschlecht stärkt und bewahrt. Eine unsichtbare Zähigkeit ist es, die das Leben weitergehen läßt und seinen Sinn klarlegt. Sie ist eine Kraft, die den Menschen sogar in den sinnlosen Tagen und Jahren des Krieges schützt.

So war es auch im Spital.

Die meisten ertrugen ihre Schmerzen und unmenschlichen Leiden schweigend.

In Europa und Rußland hatte Hitler einen Eroberungskrieg geführt. Er erweckte in seinen Soldaten die niedrigsten und verbrecherischsten Triebe und Absichten.

Dabei handelte es sich meist nicht um Einzelfälle, sondern um Massenerscheinungen.

Das ist unschwer zu erklären.

Der Krieg in Afghanistan, den die sowjetischen Truppen führten, weckte bei der Mehrheit der Soldaten die besten menschlichen Eigenschaften: Selbstlosigkeit, Willenskraft, Edelmut, Pflichttreue und höchste Furchtlosigkeit.

Das ist unmöglich zu erklären.

Das ist wohl der tragischste Aspekt dieses Krieges. Vielleicht in unserer ganzen Geschichte.

Von der psychiatrischen Abteilung hielt ich mich in der Regel fern. Doch zweimal mußte ich dorthin. Einmal wurde aus Versehen ein Soldat nach Nishnekamsk, seiner Heimatstadt, entlassen. Er schien völlig geheilt, doch zu Hause erschlug er mit einem Beil seine Eltern, der verletzte Bruder konnte entfliehen. Gefesselt von herbeigeeilten Milizionären und Ärzten behauptete der ehemalige Soldat-Internationalist: „So war der Befehl."

Ich ging mit dem Oberstleutnant durch den Korridor.

"Ich hasse sie! Ich hasse sie! Ich hasse sie! "

Der Schrei kam aus einem Zimmer und wurde immer lauter: „Ich hasse sie! Ich hasse sie!"

Dann übertönte grausiges Gelächter die Schreie.

„Ich hasse sie! Aaaaaaah! Ich bin normal! Ich bin schon normal! Ich hasse sie, wie ein normaler Mensch!"

„Gehen wir", sagte der Oberstleutnant. „Es ist besser, nicht hinzuhören."

„Ich hasse sie! Ich hatte zwei Arme, zwei! Jetzt habe ich nicht einmal einen! Ich hasse sie!"

Der Oberstleutnant wurde nervös: „Es ist mein Ernst: Gehen wir lieber. Wenn der Chefarzt der Abteilung kommt, gibt es Schwierigkeiten."

„Ich habe keine Arme! Ich werde sie mit meinen Füßen tottreten! Ich hasse sie! Ich bringe sie alle um! Den Sokolow(20) mit den Füßen! Den Babrak mit den Füßen! Ich hasse sie! Ich bring' sie um! Ich bring' sie alle um! Ich bin schon ganz normal! Ich bring' sie uuuuum ..."

Er verstummte. Entweder aus Erschöpfung, oder man hatte ihm solange ein Kissen auf den Mund gedrückt, bis er sich beruhigt hatte.

Drei Jahre später sollte ich die verrückten amerikanischen Vietnamveteranen sehen. In Amerika lernte ich einen neuen Terminus kennen, der von der offiziellen US-Medizin erst zwanzig Jahre nach Vietnam anerkannt wurde, und zwar 1988 – das posttraumatische Streßsyndrom. Seine wichtigsten Symptome: labiler Seelenzustand, bei dem selbst die nichtigsten Verluste und Schwierigkeiten den Kranken zum Selbstmord treiben; besondere Formen der Aggression; Angst vor Überfällen von hinten; Schuldgefühl, daß man überlebt hatte; die Identifikation mit den Gefallenen. Die meisten Kranken haben ein sehr negatives Verhältnis zu Institutionen und zur Regierung. Tag und Nacht Ängste und Alpträume. Eine Besonderheit des Syndroms ist auch, daß es mit der Zeit noch schlimmer wird.

Dieses Syndrom, das die Persönlichkeit des Vietnamsoldaten zerstört, ist bei Veteranen des Zweiten Weltkrieges völlig unbekannt. Es tritt nur bei solchen Kriegen wie in Vietnam oder eben in Afghanistan auf. Zum Beispiel: Die Schwierigkeit, den wahren Feind zu erkennen, die Kriegsführung inmitten der Zivilbevölkerung, die Notwendigkeit zu kämpfen, während das eigene Land in Frieden lebt, die Entfremdung nach der Rückkehr von der Front, die schmerzhafte Entlarvung der Kriegsziele. ...

Von Zeit zu Zeit hörte man aus einem der Krankenzimmer Stöhnen. Wenn es innerhalb von fünfzehn bis zwanzig Minuten nicht aufhörte, ging es in einen hysterischen Anfall über. Am häufigsten kam das bei denen vor, die gleich während ihrer ersten Tage in Afghanistan verletzt worden waren. Noch hatte sich der Mensch nicht umsehen, hatte Land und Leute noch nicht kennenlernen können, und schon fehlte ihm ein Arm oder ein Bein. Oder seine Brust war zerfetzt. Es gibt viele Möglichkeiten.

Das Stöhnen ging in Schreien über, die Schreie in Husten, der Husten in Weinen, dann gab es nur noch tierisches Brüllen.

Das kam vor.

Was im Spital am Tag geschah, ließ sich nicht damit vergleichen, was in der Nacht vor sich ging. Nachts hatten es hier alle schwer, die Leidenden und die Mithörenden. Ein Stöhnen in der Dunkelheit, ein Sprechen im Fieber, das leiseste Weinen, nicht zu reden vom tierischen Brüllen wurden da unerträglich. Alles gewann einen unheilvollen Anstrich. Der Chlorgeruch schien der Geruch des Todes zu sein. Das elektrische Licht legte die Tragödie bloß, die Dunkelheit entsetzte durch die Ungewißheit. Der Leichengeruch, der unter Tags nicht auffiel, strömte nun durch die Türspalten aus den Zimmern, selbst wenn sich dort Genesende befanden. In der Nacht wurde das Spital von Kabul der schlimmste Ort auf der Erde. Die Anbeter Zarathustras, die als erste das Jüngste Gericht und die Hölle erschaut hatten und dem Volk bereits im sechsten Jahrhundert vor unserer Zeitrechnung davon berichteten, waren unglaublich weitsichtig.

Doch diejenigen, die dieses Gemetzel organisierten, konnten nicht einmal das sehen, was sich in ihrer unmittelbaren Umgebung abspielte.

Einmal vertraute mir einer der Verletzten seine unglaubliche Vision an: In jedem Krankenzimmer, wo Schwerstverletzte lagen, ja, direkt unter ihnen, im atemberaubenden Gestank der nahen Wunden, wird auf einem der Betten plötzlich ein gesunder Patient untergebracht. Im ersten Zimmer ist es Leonid Breschnjew. Im zweiten Dmitri Ustinow. Im dritten Andrej Gromyko. Im vierten Juri Andropow. Neben den brüllenden, blutenden, verkrüppelten Soldaten liegt plötzlich die ganze Clique, die einstimmig beschlossen hatte, die Soldaten nach

Afghanistan zu schicken. Jetzt waren sie alle hier. Damit sie aber nicht weglaufen konnten, nicht mit einem Regierungsflugzeug entkommen, wurden sie umsichtig mit Soldatenkoppeln an die Betten gefesselt. Vierundzwanzig Stunden lang. Oder besser: zweiundsiebzig. Solange der Kreml gelüftet wurde.

Ein gewaltiges Bild.

Ich dachte: Wenn es wirklich geschehen wäre, hätte sich an diesem Krieg auch nichts geändert. Keiner dieser Menschen hätte sich besonnen und gesagt: „Mein Gott, was machen wir denn da!"

Gesund sahen diese Menschen nur äußerlich aus. Nur in der Umgebung von ihretwegen verkrüppelten Soldaten. Doch in Wirklichkeit waren gerade diese Menschen hoffnungslos krank. Ihre Krankheit war unheilbar: die ekelhafte menschliche Krankheit, die Dogmatismus genannt wird.

Die Übersiedlung aus dem Kreml in das Kabuler Spital hätte daran nichts geändert. Vor dem Dogma mußte alles passen: die Leiden und der Tod. Der Tod wurde einfach für nichtexistent erklärt.

„Ich wandere einsam,
die Seele voll Sehnsucht..."

sang Kobson.

Das Konzert nahm seinen Lauf. Nur in einer Abteilung hätte niemand dem Sänger zugehört, selbst wenn die Fenster offen gewesen wären. Das war die Schweißwerkstatt. Hier wurden die Zinksärge angefertigt. Die Teile kamen aus der Sowjetunion.

Ich habe dieses Spital nicht nur besichtigt. Ich kam vom Spital ins Hotel zurück und konnte keine Ruhe finden. Ich wußte ja, in jedem Spital leiden Menschen. Jedoch so wie in dem von Kabul wurde nirgendwo gelitten. Hier wurde umsonst gelitten. In diesem Leiden war kein Licht, niemand wurde davon geläutert. Niemand schien schuld daran, und so war auch keine Rache möglich.

Diese verkrüppelten, bei lebendigem Leib verfaulenden, in Urin und Blut liegenden Menschen haßten einander. Gleichzeitig empfanden sie aber ein Gefühl der Brüderlichkeit für einander. Hier wurde unflätig geflucht und jede Zärtlichkeit verachtet. Bei jeder unerwartet zärtlichen Anrede verschluckte man sich an Tränen. Hier verlor man den Verstand und lernte zu sehen. Doch sobald man sehen gelernt hatte, verfluchte man nicht nur das eigene Schicksal.

Es waren Tausende. Tausende, die Tausende andere ablösten.

So sah in der Praxis die große Politik der allmächtigen, führenden Zwerge der Epoche des realen Sozialismus[(21)] aus.

Durch die Straßen von Kabul fuhr eine in weißen Staub gehüllte Panzerkolonne. Sie zog in Richtung Norden, zur Grenze der Heimat.

Das war das erste der sechs Panzerregimenter, die Gorbatschow aus Afghanistan noch vor den Genfer Abkommen abzuziehen versprochen hatte. Zusammen mit Reportern aus zwanzig Ländern der Welt, die wegen dieser unerhörten Angelegenheit nach Kabul geflogen waren, begleitete ich die Kolonne von der Festung Bala Khisar, deren Geschichte bis zu Alexander dem Großen zurückreicht, bis ins Zentrum von Kabul.

An einem der Straßenabschnitte fuhren die Panzer an der langen Spitalsmauer vorbei. Es war das Spital, wo man mir die Hand geheilt und die Seele zerstört hatte.

Hinter der Mauer waren die Dächer der Lager und der Krankengebäude zu sehen. Auf allen Dächern standen Verwundete, die selbständig dorthin hatten klettern können. Sie sahen der ersten Kolonne stumm nach – nach Hause, nach Hause. Sie standen regungslos, nicht wie damals beim Konzert. Sie standen in ihren blauen Flanelljacken mit weißen Krägen und rechteckigen, aufgesetzten Taschen, mit weißen Genickstützen, die an Galgenstricke erinnerten.

Bis zum Ende des Krieges blieben noch fast zwei Jahre.

Die Geister greifen an

.„Nichts war hier so wie zu Hause, in der heimatlichen Armee. Hier hatte der Tod sehr verschiedene, einander fremde Menschen in Liebe vereint. Die Gefahr, die Verluste, die Schlachten trieben sie einander in die Arme. Die Schüsse bewirkten nicht nur die Nähe zweier, sondern aller Menschen. Das war aber keine seelische, sondern eine schicksalsbedingte Nähe."

Bericht eines Soldaten

Der Krieg dauerte schon das neunte Jahr. Von diesen Flugzeugen aber war noch kein einziges abgeschossen worden. Kein einziges war zu einer Notlandung gezwungen gewesen oder von einer verirrten Boden-Luft-Rakete erwischt worden. Sogar die allesfressenden Stingers, die Haifische des Himmels, wichen ihnen aus.

Also acht Jahre absoluter Unantastbarkeit.

Im Krieg war sonst nur der Tod in einer derartigen privilegierten Lage: Er war wirklich nicht unterzukriegen. In diesem Fall galt das aber auch für Flugzeuge.

Das bedeutete, daß sie verbündet waren.

Die provisorischen Waschbecken wurden in der hinteren Ecke des festgestampften Platzes installiert. Eben dort, am glatten Stamm eines hohen Eukalyptusbaumes, wurde ein trüber Spiegel mit gelben Flecken und schadhaftem Amalgam an den Rändern befestigt. Darin spiegelten sich die Kasernen, der Feuerlöschstand mit Inventar und der ganze Platz, auf dem täglich zum Appell angetreten wurde.

Hinter den Waschbecken waren Drahtsperren. Dahinter begann der Minenbereich, und in der Ferne, am Ende des Tals, war als dunkler Fleck ein Kischlak mit seinen Lehmhütten zu sehen. Von Zeit zu Zeit wurden die Schurawi vom Kischlak mit Scharfschützengewehren und alten englischen Waffen beschossen, die noch aus den Zeiten des britisch-afghanischen Krieges im Umlauf waren. Als Reaktion darauf wurde der Kischlak mit schweren MGs unter Beschuß genommen.

Morgens war der Waschplatz immer überfüllt. Die Soldaten

putzten sich mit nacktem Oberkörper die Zähne, übergossen sich kreischend mit eiskaltem Wasser, lachten oder keiften einander an, je nachdem wie die vorhergehende Nacht gewesen war.

Diese war ruhig verlaufen.

Nur die Artillerie war im Einsatz gewesen. Die Kanonen hatten bis zum Morgen geballert. Die Geister hatten versucht, die Strommasten in die Luft zu sprengen, waren aber immer wieder erfolgreich zurückgeworfen worden.

An die ständigen Kanonaden hatte man sich bereits gewöhnt.

„Hast du schon gehört? In Kandahar gibt es etwas Neues", wandte sich ein Soldat mit einer grauslichen, rosa Narbe quer über die ganze Brust an Igor Makej.

„Nein", schüttelte Igor den Kopf und spuckte dabei die Zahnpasta aus, „ich habe nichts gehört."

„Ein Bordell wurde eröffnet", sagte der Soldat und wiederholte lauter, damit es auch die anderen hören konnten: „Ein Bordell!"

„Wo? Wer hat es eröffnet?" fragten mehrere Stimmen auf einmal.

„In Kandahar. Mit hundert Betten."

„Quatschkopf!" sagte jemand.

„Die Geister haben's eröffnet", erklärte der Soldat mit der Narbe. „Es ist ja nicht für unsere Leute, sondern für die eigenen. Natürlich werden kleine Scheißer nicht hineingelassen. Nur die Anführer. Die Nutten werden direkt aus Paris geliefert. Geil. Mit Flugzeugen. Via Islamabad. Nicht schwach, was?"

„Unseren Robik sollte man dorthin schicken!" schlug jemand von der rechten Flanke vor. Alle kugelten sich vor Lachen. Doch Robik selbst, ein mächtiger, absolut quadratischer Armenier, zeigte keinerlei Reaktion.

„Die Sache ist aber sehr ernst", ergriff der erste Soldat

wieder die Initiative. „Ich habe neulich im Stab herumgehorcht. Die Unseren sind darüber sehr unzufrieden."

„Worüber?" fragte Igor Makej.

„Das ist ja eine politische Sache."

„Warum eine politische?" mußte Igor wieder fragen.

„Du Bauer", sagte der Soldat geduldig. „Es sieht so aus, als würden wir die Lage kontrollieren, die aber machen, was sie wollen. Wenn sie sich ein Hurenhaus wünschen, so kriegen sie es auch."

„Und was nun?" fragte Igor und trocknete sich mit einem kleinen Handtuch ab. Einige Soldaten fixierten den Kerl mit der Narbe. Der schwieg eine Weile und sagte dann:

„Ein Sturm. Der Plan für diese Operation ist bereits fertig. Dabei sind aber große Verluste nicht auszuschließen. Bei denen funktioniert ja die Bewachung."

„Sowjetische Militäreinheiten stürmen das Bordell von Kandahar." Rasselte Oleg Aristow aus Moskau im Tonfall der Radiosprecher herunter. „Ich sehe schon die Schlagzeilen in allen Zeitungen der Welt."

Das Gespräch wurde vom Bataillonskommandanten unterbrochen.

„Wer ist bei uns der beste Holzhacker?" fragte er im Vorbeigehen.

„Er ist der Beste", deuteten die Soldaten auf Igor Makej. „Zu Hause hat er das ganze Dorf mit Holz versorgt."

„Das werde ich mir merken", sagte der Bataillonskommandant.

Der Bataillonskommandant war neu. Mit den Kommandanten hatte das Bataillon kein Glück. Der eine wurde verletzt, und zwar sehr schwer. Der zweite trank hausgebrannten Wodka, der seiner Ordonnanz in einer *Stolichnaya*-Flasche untergejubelt worden war. Selbstverständlich mit einem Ettikett. Der Kommandant wurde mit Krämpfen ins Spital eingeliefert. Während seiner ganzen Zeit im Afghanenland hatte er gepredigt: „Traut den Afghanen nicht. Sie sind alle Banditen. Jeder von ihnen, alles Banditen. Und der russische Trottel drängt sich ihnen mit seiner Freundschaft auf."

Man munkelte, daß die Flasche die Rache für solche Sprüche war.

Der dritte Kommandant war einfach ein Scheusal: Er ließ eine zweimanntiefe Grube graben und steckte die Soldaten wegen jeder Kleinigkeit dorthinein. Er glaubte, dies werde nicht bekannt werden, da das Bataillon so abseits lag. Es kam aber heraus, und bald wußte die ganze 40. Armee davon. Er wurde erwischt und verhaftet, und niemand wußte, wo er jetzt steckte.

Dieser war also der vierte. Er machte einen ernsten Eindruck. Er besaß ein angenehmes Auftreten. Allerdings hatte er einen Vogel, was Waffenübungen betraf. Die gab's jeden Tag. Jeden Tag durch die Berge.

Da hieß es, die Zähne fest zusammenbeißen. Igor Makej war dem Kommandanten bereits zweimal aufgefallen, und beide Male positiv. So hatte er zum Beispiel die Worte des Sergeanten gut in Erinnerung behalten, der gesagt hatte: „Makej macht zwar Fehler, doch keinen mehr als einmal."

Der Bataillonskommandant sah auch selbst: ein tüchtiger Soldat, ein braver Kerl.

Das Bataillon war voll von redegewandten Soldaten aus Moskau, Kiew und Odessa. Mit denen war nicht gut Kirschen essen. Was aber den Fleiß betraf, so hatten sie wenig zu melden. Makej aber war goldrichtig. Einer vom Land, aber nicht stur und kein Tölpel.

„Heute nacht..."

„Holzspezialisten haben wir genug", dachte der Bataillonskommandant bei sich. „Doch Leute wie dieser sind rar. Den teilen wir dem Sprengkommando zu. Genau das! Die brauchen dringend einen zuverlässigen Mann. Schließlich haben sie ja heute nacht Einsatz."

Heute nacht...

In dem kleinen weißrussischen Dorf Krasny Mak war Igor Makej geboren und aufgewachsen. Die Familie bewohnte ein Holzhaus am Ende einer langen Dorfstraße. Gleich hinter dem Haus begann ein schöner Wald. Im Afghanenland verfolgte dieser Wald Igor ständig.

Im Haus der Makejs war alles stabil: die Wände und die Menschen. Die Familie bestand aus sechs Personen. Die Mutter war Melkerin, der Vater Mechanisator. Weiters waren da drei arbeitsame Töchter und Igor, der einzige Sohn.

Er war nie ein Herumtreiber gewesen. Schon von Kindesbeinen an war er ans Arbeiten gewöhnt. Während der Ferien arbeitete er auf dem Feld. Er lenkte einen schweren Traktor, auch einen Mähdrescher. In der Zeit zwischen dem Schulabschluß und der Armee arbeitete er bei der Eisenbahn: Nicht weit vom Dorf lag ein kleines Depot. Einige Male wurde ihm sogar eine Lok anvertraut.

Er stieg auf. Leute wie er werden immer gebraucht.

Sie bauen und verändern nicht nur ihren eigenen Hof, sondern die ganze Welt. Sie bauen Städte, Stein auf Stein, sie legen Straßen, Meter für Meter, sie schürfen Kohle, Tonne für Tonne. Sie liefern Getreide, erzeugen Stahl und bauen Brükken. Sie sind unersetzlich. Solch ein Mensch versprach Igor Makej zu werden.

Jetzt war er hier, in den Bergen des Afghanenlandes. Ewige Felsen, kahle, zerklüftete Abhänge im grellen Sonnenlicht. Die Berge erschienen trostlos, leblos und unnatürlich. Doch was könnte in dieser Steinwelt natürlicher, logischer und ewiger sein als die Steine selbst?

Kurz und gut, er fand sich mit den Bergen ab, mochte sie aber nicht. Weißrußland ist ein flaches Land. Es ist ein Glück, bis zum Horizont sehen zu können. Am Horizont ein Sonnenuntergang. Am Horizont die Vögel. Am Horizont der

Wald. Bis zum Horizont Weizenfelder. Der höchste Berg Weißrußlands ist der Ruhmhügel. Er wurde einst aufgeschüttet. Er ist übrigens nur zwei Meter niedriger als der Waterloo-Hügel. „Übrigens nur zwei Meter niedriger als der Waterloo-Hügel", erzählte Igor denjenigen, die bereits vom Ruhmhügel gehört hatten. Denn vom Waterloo-Hügel hatten alle gehört.

Er kannte alles, was jeder weißrussische Junge von Kindheit an wußte. Die Menschen dort waren stolz, daß die weißrussischen Partisanen gegen sechzehn Divisionen Hitlerdeutschlands gekämpft hatten. Nicht die reguläre Armee, sondern die Partisanen!

Auch Igor war stolz darauf.

In der siebenten Klasse sah er den Film „Die Uhr blieb um Mitternacht stehen", und war erschüttert.

Der Film erzählte, wie am 22. September 1944 der Henker des weißrussischen Volkes, W. Kube, von einer Mine getötet wurde, die von einem hübschen Mädchen in einer Minsker Villa hinterlegt worden war.

Natürlich war das hübsche Mädchen hier nur eine Schauspielerin, doch Igor wußte, daß die Heldin und die Geschichte selbst dem Leben entnommen und echt waren.

Er bestieg einen Überlandbus: Es war die erste Reise, die er allein unternahm. In der Hauptstadt der Republik, in Minsk, suchte er die Heldin der Sowjetunion, Jelena Masanik auf, die einst mit Kube abgerechnet hatte. Nun war sie eine alte Frau.

Sie trafen sich, und Igor bat sie, vom Krieg zu erzählen.

In der zehnten Klasse hatte er bereits überhaupt kein Interesse mehr am Krieg, obwohl er im Rahmen des damals obligatorischen Militärunterrichts hartnäckig daran erinnert wurde. Er war ein normaler Mensch und lebte ein normales Leben. Vor der Armee dachte er genausowenig an Krieg. Anfänglich war es auch ein friedlicher Dienst, ähnlich einem zivilen. So erhielten seine Eltern einmal einen schlichten, jedoch sehr wertvollen Brief.

„Als Ihr Sohn seinen Dienst antrat, also noch vor dem Afghanenland, machte er die Bekanntschaft eines jungen Offiziers. Das war im Lager des Ausbildungszentrums. Dieser wurde gerade von seiner Frau besucht. Es waren schöne Sommertage, bald schien die Sonne, bald gab es kurze, warme Regenfälle. Ein Mensch bringt es jedoch auch fertig, sich in der Hitze zu erkälten. So war es auch der Offiziersfrau ergangen. Durch Zufall erfuhr auch Igor davon. Als er diesem Offizier einmal auf dem Appellplatz begegnete, sagte der Soldat schlicht und ohne jeglichen Hintergedanken:

‚Ein schöner Wald ist hier. Neben meinem Haus in meinem Dorf gibt es einen ähnlichen.‘

‚Ein schöner Wald‘, stimmte ihm der mit seinen Aufgaben beschäftigte Offizier zu. ‚Und?‘

‚Es muß dort Himbeeren geben‘, sagte der Soldat.

‚Vielleicht‘, sagte der Offizier., Vielleicht aber auch nicht.‘ Und er machte eine Bewegung in Richtung Stab.

‚Ich weiß ganz genau, daß es dort Himbeeren gibt‘, beharrte Igor. ‚Ich kann es beweisen.‘

‚Dann geh und beweise es‘, gestattete der Offizier.

Irgendwie mußte er dieses unerwartete Gespräch ja zu einem Ende bringen.

Igor fand eine passende Tasche und ging in den nahegelegenen Wald.

Eine halbe Stunde später kehrte er zurück, seine Augen strahlten, die Feldbluse voller Himbeerpollen, Kletten auf den Hosen.

Er suchte den Offizier auf.

‚Ich hab’ doch recht gehabt!‘

‚Gab’s viele?‘ fragte der Offizier.

‚Der ganze Waldrand und auch weiter drinnen im Wald: Alles ist voll von Himbeeren.‘ sagte Igor.

‚Hast dich vollgenascht?‘

Der Soldat stockte:

‚Vollgenascht? Ich war doch nicht zum Naschen dort!‘

‚Wozu bist du dann gegangen? Zum Schauen?‘

‚Ihre Frau ist doch hier?‘ fragte Igor plötzlich.

‚Und wenn schon?‘ Der Offizier zog fragend die Augenbrauen hoch.

‚Hat sie sich nicht erkältet?‘ fragte Igor.

‚Ja.‘

‚Bei uns im Dorf‘, sagte Igor, ‚heißt es: Ein Becher Himbeeren ersetzt bei Erkältung zwei Kilo der besten Medizin. Das habe ich für Ihre Frau gesammelt.‘ Er reichte dem Offizier die Tasche. Die roten, saftigen Himbeeren dufteten.

‚Gute Besserung wünsche ich ihr.‘

„Hier ist das Ende der Geschichte", stand am Ende des Briefes. „Wie Sie sicher schon vermuten, war ich, Leutnant Smirnow, der Offizier. Und ich danke Ihnen für Ihren Sohn."

Vor der Armee hatte Igor also keine Angst.

Nach dem Gesetz war der Wehrdienst obligatorisch. Also wurde er abgeleistet. Bei der Armee kann man schließlich viel lernen. Und das würde er auch tun.

Zwei Monate bevor er einrückte, kam er zu einem Ausbildungslehrgang der Freiwilligen Gesellschaft zur Unterstützung der Armee und Marine . Zum ersten Mal in seinem Leben war er zehn Tage lang von zu Hause fort.

Dann kehrte er wieder ins Dorf zurück.

„Hat's dir gefallen?" fragte der Vater.

„Ja."

„War's schwer?"

„Nein."

„Und wie war's?"

„Interessant."

„Was war das Interessanteste?"

„Die Sprünge."

„Was für Sprünge? Seilsprünge?"

„Ungefähr."

„Und genau?"
„Fallschirmsprünge. Aus dem Flugzeug."
„Du? Mit dem Fallschirm? Aus dem Flugzeug?"
„Ich. Aber natürlich nicht nur ich. Andere auch."
„Auch solche vom Land?"
„Na klar. Sind denn die aus der Stadt besser?"
„Vielleicht gescheiter?"
„Auch wenn sie gescheiter sind, so gehen sie doch in der Stadt nicht mit Fallschirmen am Rücken spazieren. Oder hocken sie vielleicht ständig im Flugzeug?"
„Natürlich nicht."
„Eben."
„Und wie oft bist du gesprungen?"
„Dreimal."
„Das also ist die Freiwillige Gesellschaft zur Förderung von Armee, Luftwaffe und Marine!"
„Ja. Eine sehr gute Sache."
„Aber gefährlich."
„Es scheint nur so. Schließlich wurden wir ja einige Tage lang ausgebildet. Was und wie wir es machen sollen, wie der Fallschirm zu lenken ist, wie man landen, die Beine halten und mit dem Körper manövrieren soll. Jetzt weiß ich das alles. In der Armee werde ich das alles gut gebrauchen können."
„Der Mutter... erzähl' der Mutter vorläufig lieber nichts davon."
„Gut. Aber ich bin doch schon fast ein Soldat", entgegnete Igor. „In zwei Wochen soll ich schon meinen Einberufungsbefehl bekommen."
Doch der Einberufungsbefehl kam bereits nach zwei Tagen.

Schon das neunte Jahr landeten diese Flugzeuge auf allen militärischen und zivilen Flugplätzen der UdSSR. Kein Außenstehender konnte sie sehen: Die Maschinen landeten auf entlegenen Landebahnen. Meistens mitten in der Nacht. Die

Fluglotsen, die sie bei der Landung betreuten, wußten nicht, was die Maschinen an Bord hatten. Doch mit der Zeit hatten sie es genau erraten. Sie sprachen nicht darüber, sondern wechselten nur vielsagende Blicke.

Bevor sie den Luftraum der Sowjetunion erreichten, flogen diese Flugzeuge, die gegen jeden Zufall abgesichert waren, in der Regel die normalen, geprüften Routen. Nach der Überquerung der afghanisch-sowjetischen Grenze jedoch setzte jedes von ihnen seinen Flug auf absolut willkürlichen, oft unlogischen Routen fort.

Doch das schien nur so.

Wer sich diesbezüglich hätte Klarheit verschaffen wollen, hätte sich nur unnötig Feinde gemacht.

Es war besser, sich dafür nicht zu interessieren, die Finger davon zu lassen.

Die Armee ist der belebteste Platz auf Erden. Doch bevor man sich so richtig umgeschaut hat, solange man noch keinen seelenverwandten Kameraden gefunden hat, würde man sich vor Einsamkeit am liebsten aufhängen. Dabei ist es nicht wichtig, daß alles ringsumher lärmt und wogt wie an einer überlaufenen Anlegestelle – du fühlst dich trotzdem einsam.

Allein bist du in Reih und Glied auf dem Appellplatz ebenso wie im überfüllten Leninzimmer(22) oder in der Roten Ecke (23).

Besonders stark litten jene unter dieser Einsamkeit, die das frühere Zivilleben voll genossen hatten. Die auf ihre innere Entwicklung geachtet hatten und nicht auf Äußerlichkeiten, deren Interessen nicht auf Jeans und Videos beschränkt gewesen waren. Sie hatten es besonders schwer.

Die zweite Kategorie bildeten die „Irren". Sie waren in allen Waffengattungen in großer, von Jahr zu Jahr zunehmender Zahl vertreten.

Diese schnappten geradezu über: Sie machten sich an jeden

heran, der gerade zur Hand war, und boten ihm ihre Freundschaft an. Doch diese Freundschaften gingen genauso schnell wie sie geschlossen worden waren, wieder in die Brüche. Obwohl auch sie sehr litten, wirkten die „Irren" nicht unglücklich. Getragen wurde die Armee vorläufig noch von normalen, ausgeglichenen Jungs. Zwar hatten auch sie ähnliche Probleme wie die Intellektuellen, doch nahmen sie diese nicht so tragisch.

Igor Makej sah ein: Seine wahren Freunde waren im Dorf geblieben. Sie konnten nicht durch neue ersetzt werden. Solche waren hier nicht zu finden, doch brauchte auch er nicht weniger als alle anderen gute, verläßliche Kameraden. Er hatte keineswegs vor, die neuen Menschen, mit denen ihn der Militärdienst zusammengebracht hatte, zu meiden.

Anfangs, als er an Afghanistan noch gar nicht gedacht hatte, sondern in aller Ruhe seinen Dienst in der Heimat leistete, entsprach diese Einstellung zwar seinen Bedürfnissen, nicht jedoch der traditionellen Einstellung, um jeden Preis immer und überall einen Freund zu haben. Dann kam plötzlich das Afghanenland, und alles wurde ganz anders. Andere Sitten, andere Beziehungen, eine andere Stimmung. Alle wurden zu Freunden. Die ganze Kompanie – Freunde. Das Bataillon – Freunde. Das Regiment – Freunde. Die Division – Freunde.

Die ganze 40. Armee – Freunde.

Hier hatte der Tod sehr verschiedene, einander fremde Menschen in Liebe vereint. Die Gefahr, die Verluste, die Schlachten trieben sie einander in die Arme. Nichts war hier so wie zu Hause, in der heimatlichen Armee.

Im Afghanenland entbrannte die Freundschaft gleich mit dem ersten Schuß, mit der ersten nahen Explosion, beim pfeifenden Zischen einer Rakete.

Die Schüsse bewirkten nicht nur die Nähe zweier, sondern aller Menschen. Das war aber keine seelische, sondern eine schicksalsbedingte Nähe. Fiel jemand aus dieser Gemeinschaft aus – durch eine Verletzung, durch den Ablauf seiner Dienstzeit und so weiter – konnte das großes Leid verursachen. Für manche konnte das zu einer wirklichen persönlichen Tragödie werden.

In diesem neuen Leben war das Prinzip der Distanz, von dem Igor Makej sich leiten ließ, mehr als angebracht.

Von Zeit zu Zeit entbrannten an den Waschbecken echte Kulturdiskussionen.

In der Regel gaben zwei Moskauer, Oleg Aristow und Viktor Rost, den Anstoß dazu.

„*Pink Floyd* und *Kiss* erleben ein Come-Back", erklärten sie, während sie mit dem Wasser herumspritzten. „Wer kommt an sie heran? In der SU niemand."

„Warum niemand?" widersprach der Verehrer der *Zeitmaschine*. „Es gibt jemanden."

„Wen zum Beispiel? Stas Namin etwa? Der ist fett geworden und steckt die ganze Zeit in den USA. Doch dort haben sie genug eigene Leute."

Igor hörte sich diese Diskussionen an, doch hatte er nicht vor, sich einzumischen. Er liebte nur die weißrussische Folkloregruppe *Pisnjary* .

„Die *Zeitmaschine* ist in Ordnung, sie kann es mit jedem aufnehmen. Ich hörte im Radio, daß sie sogar nach Paris eingeladen wurden."

„Die Pugatschowa(24) hat man schon früher dorthin eingeladen."

„Wir reden doch von Gruppen!"

„Die *Maschine* hat die besten Texte."

„Sei nicht lächerlich, wer braucht denn das? Rock hat keine Texte und alle fahren darauf ab. Ich auch."

„Jetzt kriegt auch der Rock Texte. Hard Rock zieht jetzt nur mit Texten. Sozialkritisch."

Die Zeit für die Diskussionen am Waschbecken war immer sehr knapp. Doch wenn es keine Waffenübungen oder Gefechtshandlungen gab, diskutierte man oft auch abends. Diese Gespräche waren derartig hitzig, daß die morgendlichen Geplänkel wie das Gelabbere auf einer organisierten Komsomolzenversammlung wirkten.

Jetzt kamen nicht mehr Argumente zum Einsatz, sondern Kraftausdrücke.

Dann unterschieden sich die Kasernen im Afghanenland durch nichts mehr von jenen bei Gorkij und Moskau.

Den Abschluß bildeten immer die Witze. Diesen Programmteil ließ sich Igor selten entgehen. Er starb zwar nicht gerade vor Lachen, doch lächelte er und rieb sich vor Vergnügen seufzend die Hände, wie er es sonst nur auf der Bank vor dem Elternhaus zu tun pflegte. Ein Pionier mit dem Spitznamen Kobson, ein Bursche aus Odessa, der nie im Leben ein Lied gesungen, ja nicht einmal zu Ende gehört hatte, überschüttete Igor mit den ältesten und abgedroschensten Witzen. Er war sicher, daß Igor sie nicht kennen würde, und er kannte sie tatsächlich nicht.

An ihrem letzten gemeinsamen Abend in der Bataillonskaserne verblüffte Kobson Igor mit einem Witz über eine Ratte.

„Unter dem Haus", fing er an, „platzte eines Tages das Kanalrohr. Der Keller wurde mit Fäkalien überschwemmt."

Er stieß auf Igors fragenden Blick.

„Mit Scheiße", korrigierte sich Kobson schnell. „Schwimmt eine alte Ratte im Dreck. Das Fell räudig, der Schwanz weggerissen, auf dem Rücken ein Rattenkind. Im Schleim, im Dreck. Rings herum Dunkelheit und Finsternis. Und plötzlich eine Fledermaus – husch! – direkt über ihre Köpfe.

‚Wer ist das?' fragt das Rattenkind seine Mutter.

‚Oh!' ruft die alte Ratte. ‚Das ist ein Engel!'"

Igor lächelte nicht einmal.

„Du kennst ihn schon?" wunderte sich Kobson.

„Nein."
„Findest du ihn nicht lustig?"
„Doch!" sagte Igor.
„Sowas!" grämte sich Kobson später offen und aufrichtig. „Mußte ich ihm zum Schluß noch über diese Scheiß-Ratte erzählen!"

Ganz andere Gespräche wurden auf dem Appellplatz geführt.

Besonders ehrlich und gewichtig waren die Reden des Politstellvertreters Orlow.

Er hatte die Anfänger, zu denen auch Igor Makej gehörte, mit einer solchen Ansprache empfangen:

„Ihr seid hier auf dem Boden des brüderlichen Afghanistan, ihr seid zum Wehrdienst einberufen, dient so, wie es sich gehört, und drückt euch nicht. Lernt ordentlich, damit ihr alles beherrscht und alles wißt. Eure neuen militärischen Fachkenntnisse, euer Training, eure neue Kraft, die durch Kämpfe erprobt worden ist, das alles wird euch nicht nur hier zu Gute kommen. Damit werdet ihr auch später noch der Heimat dienen. Leben ist Leben. Heute ist es ruhig, doch schon morgen ziehen wir in den Kampf. So ist die Welt, in der wir leben. Es ist nämlich so", fuhr er fort: „ Es gibt im Leben keine Garantien. Das Vaterland kann euch alles geben. Doch es kann euch nicht garantieren, daß ihr nicht einmal seine Grenzen verteidigen müßt. "

Und wieder: „So ist die Welt, in der wir leben."

Diese Ansprache gefiel Igor.

Ein anderes Mal sagte der Politstellvertreter folgendes: „In der Armee lernt ein junger Mann nicht nur in Reih und Glied zu marschieren, Übersetzstellen zu bauen, Funkverbindungen herzustellen, Waffen zu reinigen und damit zu schießen. Er lernt auch zu überleben. Und wir hier müssen überleben."

„Ich werde nie so reden können", bedauerte Igor.

Der Bataillonskommandant betrieb nicht umsonst sehr eifrig Geländeübungen, besonders im Gebirge. Der ganze Verlauf dieses Krieges hatte alle Beteiligten überzeugt, daß nur dann, wenn die raffinierten Methoden der Kriegsführung in den Bergen zur zweiten Natur wurden, der Sieg errungen oder zumindest eine schwere Niederlage verhindert werden konnte. Deshalb war auch der Bataillonskommandant überzeugt: Im Kriegswesen gibt es nichts Komplizierteres als einen Kampf in den Bergen.

Dort kann ein Stein durchaus wie ein Mensch aussehen, und ein gutgetarnter Mensch wie ein Stein. Das Rauschen des Wassers, das Getöse und Geheul des Windes in den Bergschluchten, das von Bergziegen verursachte Kieselgeröll, häufiger Steinschlag, all das dämpft, vertuscht, verwischt die Geräusche des Feindes, und man weiß nicht von welcher Seite er sich heranschleicht. Selbstverständlich gibt es auch Menschen, die fähig sind, selbst die kleinsten Geräusche zu erkennen, die eine menschliche Bewegung im Gebirge verursacht. Außerdem besitzen sie einen geübten, scharfen Blick. Selbst im dichtesten Gestrüpp, im kompliziertesten Netzmuster der Felsspalten erkennt ein solcher Mensch ein Scharfschützenvisier und bestimmt genau die Entfernung, um im nächsten Augenblick darauf zu schießen. Derjenige, der im Hinterhalt sitzt, sieht und spürt ebenso gut den Augenblick seiner Entdeckung. Entscheidend ist dann die Schnelligkeit des Schießens und die Reaktionsfähigkeit. Doch auch einige Zeit nach der Schießerei kann man gar nicht sicher sein, daß der Feind wirklich gefechtsunfähig ist, denn man ist eben weder auf einem Feld noch in einem Tal, wo man alles überblicken kann. Nein. Im Gebirge, sowohl vor als auch nach dem Schuß, darf man nicht sorglos bleiben. Und nach dem Kampf muß man in voller, nicht nachlassender Bereitschaft bleiben.

Ein neuer Kampf kann jeden Augenblick aufflammen.

„Heute nacht."

Ein naher, dichter Wald und eine geräumige Wiese davor. Hohe Bäume und weiches, niedergedrücktes Gras. Abgeerntete Gemüsebeete und weiße, trockene Blumenstiele. Tiefe Schluchten und silbrige Spinnweben über dem Hof....

Bumm! Bumm!

Feuchte Luft, feuchte Decke, feuchte Matratze. ...

Bumm! Bumm! Bumm!

Artillerievorbereitung.

„Aufstehen!"

Igor hatte schon begriffen: Es ging los. Doch vor seinen Augen stand der Wald. Und die Mutter. Zuerst auf der Wiese, dann auf dem Hof, sie geht umher und redet. Sie redet und redet. Doch lautlos. Schau, was ihr eingefallen ist! Die Kragenbinde für seine Jacke hat sie aus ihrer Schürze geschneidert. Angenäht.... Ganz wie weißer Kunststoff. Und ist doch nur Stoff der Schürze einer Melkerin. Ein Wunder ... Und wieder der Wald.

„Soldat Makej! Du bist fürs Einheizen verantwortlich. Soldat Aristow! Soldat Rost! Zusammen mit Makej zum Einheizen. Marsch! Bereitschaft um 9 Uhr. Offiziersbesprechung."

Der Tag begann.

War das der letzte?

Soldat Rost grinste:

„Der Sergeant weiß: Mein Lagerfeuer brennt nie. Öfen, die ich anheize, sind im Eimer. Er weiß es. Und trotzdem teilt er mich dazu ein. Mir scheint, er will mich fertigmachen. Wie soll ich da die Revolution im Bruderland verteidigen?"

„Und der Fraß?" schaltete sich Aristow ein.

Alle Lebensmittel wurden ausnahmslos aus der Sowjetunion ins Afghanenland eingeführt. Von den Einheimischen kaufte man nicht ein einziges Gramm.

„Der Fraß ist genau das Richtige für die Verteidiger der

Revolution. Fisch in Tomatensauce aus Dosen, dazu ein Näpfchen Perlgraupen. Eine tolle Kombination! Gibt's sonst nirgendwo. Rennt alle her und schaut. Nur bei uns!"

Die Moskauer waren froh, zusammen zu sein. Bei der Arbeit waren sie zu nichts zu gebrauchen.

Doch sie waren offene und fröhliche Jungs. Solche wie sie traf man nicht alle Tage. Sie gefielen Igor, und Igor gefiel ihnen.

„Was Rost und ich zusammen nicht schaffen, das macht Igor allein", sagte Aristow.

Igor stapelte trockene und feuchte Holzscheite in einer ganz bestimmten Reihenfolge aufeinander. Dazwischen kamen Papierknäuel ebenso wohldurchdacht wie die Holzscheite. Das Kleinholz hackte er gleichmäßig wie Stricknadeln und verteilte es ebenfalls. Rost und Aristow schafften das Holz herbei.

„Genug", sagte Igor.

Rost legte die letzte Handvoll Holz nieder und meinte:

„Jetzt würdigen wir erst mal die Arbeit des Meisters!"

„Nein, wirklich", lachte Aristow, „das Einheizen machst du einfach toll! Wo hast du das gelernt?"

„Ach", seufzte Igor, indem er in die Flammen schaute, „beim nächtlichen Weiden. Da hüteten wir die Pferde und wärmten uns."

„Toll!" wiederholte nachdenklich Aristow.

„Ich kann auch im Regen Feuer machen", sagte Igor. „Auch bei starkem Wind. Bei uns können das alle."

„Hör mal, Igorchen, das ist wirklich nicht in Ordnung. Du kannst alles und andere nichts", klagte Rost.

„Wer kann nichts?"

„Wir."

„Einiges kann ich, ihr aber könnt anderes."

„Naja, die Bienen, davon verstehen wir etwas", lachte Rost. „Das können wir dir auch beibringen."

Aristows Augen begannen zu leuchten. „Übrigens, wollen

wir Erfahrungsaustausch machen? Wir kommen zu dir, zum nächtlichen Weiden, natürlich nicht allein.

Wir bringen Mädchen und eine Flasche *White Horse* mit, weil das gut zu den Pferden paßt. Und dann machen wir eine Schulung. Du bringst uns das Feuermachen bei, und wir zeigen dir – das andere. Hast du es noch nie mit zwei auf einmal gemacht?"

„Nein", antwortete Igor bestürzt.

„Bei uns wirst du das auch noch lernen. Die höchste Kunst des Fliegens!"

„Wirklich die höchste", bestätigte Rost.

„Und wir werden unsere Erfahrungen nach Moskau mitbringen. Im Jännerfrost werden wir auf dem *Roten Platz* ein Riesenfeuer machen!"

„Wir werden das Barbarenland beheizen", schlußfolgerte Rost.

Ja, das war der letzte Tag.

Am Abend sollten sie die Munitionslager sprengen.

Der Sonderstaffel gehörten Flugzeuge der verschiedensten Typen an. Doch seit den ersten Tagen des Afghanistankrieges wurden sie alle „schwarze Tulpen" genannt.

Ganz gleich, an welchem Punkt in der Sowjetunion eine „schwarze Tulpe" landete, es bedeutete immer nur eines: jemandes unstillbares Leid, eine Tragödie.

Der Tod in Gestalt von Raketen zeigte für die schwarzen Tulpen kein Interesse und bedrohte sie nicht, weil er selbst mitflog. Das war sein legitimes Transportmittel.

Die Zinksärge mit den Soldaten-Internationalisten wurden ausgeladen. Die „schwarze Tulpe" startete wieder und flog ihr nächstes Ziel an. Während im ganzen Land Chaos herrschte, funktionierte das teuflische System der „schwarzen Tulpen" tadellos.

An dem Unternehmen waren sogar Fabriken zur Herstellung von Klimaanlagen beteiligt. Wieder konnte man sich nur wundern, wie sie, Hersteller von mangelhaften Klimaanlagen, es trotz des ewigen Zinkmangels doch fertigbrachten, solch hochwertige Teile für Zinksärge zu liefern.

Nach neun Kriegsjahren gab es im ganzen riesigen Land keine einzige Region – vom Baltikum bis zum Pazifik, von Leningrad bis Transkaukasien und Mittelasien –, die vor der Landung einer „schwarzen Tulpe" verschont geblieben wäre.

Bei Khost tobten erbitterte Kämpfe. Eigentlich hörten sie dort nie auf. Der Ort zog die gegnerischen Kräfte ständig an. Immer explodierte oder brannte dort etwas. Die pakistanische Grenze verlief dort in einer Schleife, entlang welcher sich Dutzende große und kleine Formationen und Lager der Rebellen eingenistet hatten. Hier, auf der pakistanischen Seite, befanden sich Ausbildungszentren aller Art, wo Flakartilleristen, Sprengmeister und Flugabwehrspezialisten ausgebildet wurden.

Mit unterschiedlicher Stärke terrorisierten diese Kräfte die afghanische Grenzregion, wo Stämme der Alischer, der Matun und der Tani lebten. Die Versuche der afghanischen Regierungstruppen und der sie unterstützenden sowjetischen Militäreinheiten, die Sicherheit dieses Gebietes zu garantieren, blieben erfolglos. Militärische Aktionen wurden von Wirtschaftsblockaden abgelöst, auf die wiederum Kriegshandlungen folgten.

Zu dem Zeitpunkt, als die Truppeneinheit von Igor Makej in der Nähe dieser vom Feuer erfaßten Region war, sah die Situation sehr unangenehm aus. Unangenehm für die Regierung, doch recht günstig für die Rebellen. Sie besetzten im Grunde genommen die wichtigsten Höhen, inklusive des Torehar. Natürlich wurde gekämpft. Die Hubschrauber gaben den dröhnenden *Antonows* Feuerschutz, die Artillerie war im Einsatz, doch die Geister hielten stand. Ihre Maschinengewehre beschossen Straßen, Pfade, Häuser und Täler. Auch mobile Raketenabschußrampen waren voll im Einsatz.

Der Flughafen wurde ständig aus 76 mm-Geschützen beschossen.

Das hatte seinen Grund: Unter dem Feuerschutz legten die Geister hastig neue Waffen- und Munitionslager an. Zahllose Höhlen und Felsspalten wurden damit vollgestopft.

Eine dieser Höhlen hatten die einheimischen Kundschafter ausgeschnüffelt. Natürlich gegen Bezahlung.

Das Lager war nicht klein. Um die Sprengung vorzunehmen, mußte man sich dorthin schleichen, ohne von den Geistern bemerkt zu werden. Dann hieß es den richtigen Augenblick abzuwarten und das Lager in die Luft zu jagen, wie es schon früher oft gemacht worden war.

Sie schienen alles berücksichtigt und vorbereitet zu haben. Doch es kam anders, als geplant. Dieselben einheimischen afghanischen Kundschafter benachrichtigten die Geister. Selbstverständlich auch gegen Bezahlung.

Die Operation wurde also von beiden Seiten vorbereitet.

Gegen Ende der Nacht, im verschwommenen, kalten Licht der Morgendämmerung erschienen die Geister.

Keiner konnte richtig schlafen. Die Jungs dösten nur. Die Schreie und Schüsse der Wachtposten brachten alle blitzschnell auf die Beine. Doch keiner war imstande zu begreifen, was wirklich passiert war. So dachten Aristow und Rost, daß der Sergeant zur falschen Zeit eine Gefechtsübung abhielt.

Der munterste von allen war Igor: Auf dem Land ist zu dieser Stunde das Leben schon voll im Gange, so als wäre es schon Mittag. Doch auch er wurde aus der Fassung gebracht, als die Geister völlig unerwartet auftauchten. Woher? Der Warnposten, der am Abend auf dem Weg aufgestellt worden war, hatte keine Warnzeichen gegeben. Auch jetzt rührte er sich nicht. Von der Seite der Höhle konnten die Geister sich unmöglich herangeschlichen haben: Dort gab es nichts als eine unüberwindbare Felswand und einen ebenso unüberwindbaren Abgrund. Nicht einmal ein Affe hätte das geschafft. Doch die Geister wurden immer mehr, und nun war es zu spät herauszufinden, woher sie kamen. Sonst hätte er erfahren, daß weder Felswände noch Abgründe für Geister Hindernisse darstellen. In der Heimat hilft einem alles, sogar die Felswände. Und eben von dort hatten sie sich abgeseilt.

Eine Bande von mindestens zwanzig Mann kam unaufhaltsam näher. Vielleicht waren es auch mehr. In der Dämmerung konnte man das nicht genau feststellen. Sie schossen blindlings und brüllten Flüche. Das Feuer wurde stärker.

„Auf den Weg, Jungs! Zum Weg!" hörte Igor die Befehle. „Schnell zum Weg!" Rost stolperte über einen Stein und fiel auf den Kopf, doch zum Glück saß der Helm fest.

„Zurück! Alle zusammen! Zusammen! Zusammen!" hörte Igor dieselbe Stimme. „Feuer erwidern! Feuer!"

Sieben Sowjets zogen sich zurück und schossen mit Maschinenpistolen zurück. Der Weg war schmal, die Soldaten stießen und behinderten einander. Aber trotz der Schreie und der Wut der Geister, trotz der offensichtlichen Todesgefahr, gerieten sie nicht in Rage. Sie waren verwirrt und wie gelähmt. Das war die Wirkung der Kälte, der Überraschung und der Irrealität der Geschehnisse.

„Die Dämmerung und die Höhe waren schuld daran", jammerte später Aristow. „Wir litten unter ständigem Sauerstoffmangel. Wir hatten uns schon die ganze Zeit mies gefühlt in diesen verfluchten Bergen."

Er sprach die Wahrheit.

Sie wurden zurückgedrängt, zwei waren bereits verletzt, Rost schien zu bluten, und es war klar, daß die Geister in drei bis vier Minuten zum Angriff übergehen würden. Und sie alle niedermetzeln. Oder sie, Gott behüte, gefangennehmen.

Igor begriff das als erster.

Er hatte zwar ein Panzerabwehrrohr, doch nur eine Granate. Er wußte genau, daß er damit auch fehlschießen konnte. Oder nur einen kleinen Teil der Bande zugrunde richten.

Er löste sich von seiner Gruppe, blieb bei einer kümmerlichen Ulme stehen und untersuchte die Äste. Schließlich ertastete er einen stärkeren Ast, an den er das Panzerabwehrrohr mit seinem Koppel festband. Dann zog er eine Schnur aus der Tasche – ein Dorfbewohner trägt auch als Soldat eine Menge nützlicher Kleinigkeiten mit sich – und legte eine Schlinge um den Abzug. Nach diesen hastigen, schicksalshaften Vorbereitungen wandte er sich wieder den schwarz-blauen Geistern zu, die jetzt im Laufschritt auf ihn zukamen. Das Echo des MPi-Feuers irrte durch die Schlucht, begleitet von Schreien und Schüssen. Makej konnte wohl noch die bekannten Stimmen erkennen, die den Namen riefen, der ihm von Kindesbeinen an so vertraut war:

„Igor! Igorchen!"

Die Kameraden auf dem Weg konnten seine Stimme ebenfalls deutlich hören.

„Ich sehe sie!" schrie er, als wäre er gerade erst zur Besinnung gekommen. „Ich sehe sie, die Geister!"

Schwere Bleisalven schlugen in seine Füße ein. Doch er stürzte nicht, es gelang ihm stehenzubleiben. Und dann, als die Geister mit der offensichtlichen Absicht ihn lebendig zu kriegen, schon vor seiner Nase herumsprangen, und als er ihre Augen ganz nahe sah, in denen der Haß wie mit Asche vermischtes Blut kochte, zog er an der Schnur. Die betäubende Explosion der Granate im Rohr übertönte alles. Heiße Körperfetzen flogen auf das steinige Plateau. Das Letze, was er sah, als er auf die blutüberströmte Erde fiel, waren die Gipfel des Hindukusch und darüber ein riesiger, bis zur Heimat reichender, immer heller werdender Himmel.

Die sechs Regimentskameraden waren gerettet.

Es war das jener unsichtbare Augenblick, in dem der Tod den Menschen über sein ganzes Leben erhebt.

Zur vorgeschriebenen Stunde landete eine „schwarze Tulpe" mit dem Zinksarg Igor Makejs im „Hinterhof" des Flughafens von Minsk.

Ein übler Zufall wollte es, daß der Sarg in der „schwarzen Tulpe" von einem Leutnant namens Tschorny (Schwarz) begleitet wurde. Er war ein respektloser und zynischer Mensch.

„Es ist strengstens verboten, den Sarg aufzumachen", erklärte er den Eltern des Soldaten und erfüllte seine Aufsichtspflicht bis zuletzt: Erst nachdem der Sarg ins Grab gesenkt worden und die Erde darübergeschüttet und festgestampft war, sagte er: „In Ordnung", und hob die zweitägige Bewachung auf.

Zum Dorffriedhof, der am Rand eines stillen Waldes lag, kamen nicht nur Verwandte. Die Zeiten, als die Internationalisten geheim, wie Volksfeinde begraben wurden, waren vorbei. Etwa fünfzehn Personen waren gekommen, die Trauer der Eltern zu teilen.

Es fand eine Trauerkundgebung statt.

Für das Wehrkommando sprach ein grauhaariger, stattlicher Veteran.

Der Glanz der Vergangenheit – zahlreiche Orden und Medaillen aus dem Zweiten Weltkrieg – schmückten sein Sakko. Er sagte, daß Igor Makej nicht umsonst gefallen sei. Er sei wie ein Held gefallen. „Die Landsleute", sagte er, „werden immer stolz auf ihn sein. Es war schon immer typisch für einen Sowjetmenschen", fügte der Veteran bewegt hinzu, „die Kameraden zu retten, indem er sich selber opfert."

Und zum Schluß sprach er: „Viele Spuren des materiellen Lebens verschwinden spurlos. Doch die Erinnerung an eine Heldentat nie."

Auch der Lokführer aus dem benachbarten Eisenbahndepot sagte einige Worte. „Igor hätte ein guter Lokführer werden können. Er liebte diese Arbeit. Wir hatten das bereits erkannt." Dann erzählte er von dem Hund, den Igor ihm in Pflege gegeben hatte, als er einrückte.

Jemand erwähnte, daß Igor Makej seiner Schulklasse einmal zum Sieg im Staffellauf über 4 mal 100 Meter verholfen hatte.

Auch der Parteivorstand der Kolchose „Lichter des Kommunismus" , zu der das Dorf gehörte, ergriff das Wort. „Ich kannte Igor bereits als Kind. Der Kerl liebte die Landwirtschaft. Mit dreizehn saß er schon auf dem Traktor. In der letzten Klasse arbeitete er bei der Ernte am Mähdrescher mit. Er hätte ein guter Landwirt werden können. Es gibt ja fast keine Burschen in der Kolchose."

Ein anderer bemerkte, daß aus dem gefallenen Soldaten sicher ein guter Familienvater geworden wäre.

Den guten Eindruck der Reden verpatzte der Dorftrottel, der in einer Pause mit teuflischer Einsicht ausrief:

„Und ist ein Held geworden!"

Igors Vater und Mutter konnten sich nur mit Mühe auf den Beinen halten. Auf dem Weg vom Friedhof zum Leichenschmaus mußte man ihnen unter die Arme greifen. Die stillen, weinenden Schwestern folgten den Eltern, hinter ihnen zogen die zur Tafel geladenen Gäste. Der Friedhof leerte sich.

Der ehemalige Soldat des *Begrenzten sowjetischen Kontingents* in Afghanistan, Igor Makej, blieb allein zurück.

Seinen Armeedienst hatte Makej in einer Einheit begonnen, die im europäischen Teil der Sowjetunion zwischen Leningrad und Tallinn stationiert war.

Nachdem die Soldaten der Einheit von seinem Tod erfahren hatten, errichteten sie auf dem Gelände der Einheit zu seinem Angedenken einen Obelisken.

Eines Tages läutete im Büro des Generals das interne Telephon – es war der Posten des Kontrolldurchlaßpunktes.

„Genosse General", meldete eine aufgeregte Stimme, „hier sind irgendwelche Leute, die Sie sprechen wollen."

„Was soll das heißen: irgendwelche Leute?" fragte der General, der in allen Dingen Präzision gewohnt war. „Sind es Militärs oder Zivilisten?"

„Zivilisten", antwortete der Posten.

„Warum wollen sie mit mir sprechen?"

„Sie wollen auf das Gelände der Einheit."

„Wissen sie denn nicht, daß das verboten ist?" erwiderte der General nun schon in einem schärferen Ton.

„Doch!" Der Posten war den Tränen nahe. „Sie wollen trotzdem mit Ihnen sprechen. Sie sagen, daß Sie es gestatten werden. Sie haben Blumen mit, eine Braut ist auch dabei."

„Verbinde mich!" befahl der General.

„Genosse General!" ertönte im Hörer eine entschiedene Stimme. „Ich bin der Bräutigam und ein ehemaliger Soldat. Jetzt habe ich geheiratet und bin hier mit meiner Braut. Wir sind von weit her gereist."

„Meine Glückwünsche zur Hochzeit."

„Danke. Doch wir wollten auf das Gelände der Einheit. Wir wollten Blumen am Obelisken Igor Makejs niederlegen. Wir waren zusammen im Afghanenland. Zwei von uns gehören zu denen, die er gerettet hat."

Der General war offensichtlich verwirrt. Doch nicht lange.

„Geben Sie mir den Posten!" verlangte er.

Dann befahl er in den Hörer:

„Alle durchlassen! Eine Begleitperson mitschicken! Zur Büste Igor Makejs bringen. Zur Hochzeit beglückwünschen."

Der ehemalige Pionier mit dem Spitznamen Kobson, nun der Bräutigam, Sergej Russakow, der Igor im Afghanenland mit alten Witzen versorgt hatte, und die zwei ehemaligen „Afghanen" aus Moskau, Oleg Aristow und Viktor Rost –

beide mit den weitgeöffneten Augen der Drogensüchtigen – überschütteten Igors Büste mit Blumen, sahen eine Zeitlang auf den schwarzen, kalten Stein, zupften dann die Braut am Ärmel und sagten:

„Gehen wir. Man kann nichts wieder ungeschehen machen."

Meine internationale Pflicht

„Dies ist ein Unglück, das ich sah unter der Sonne, gleich einem Versehen, das vom Gewaltigen ausgeht ..."

Sprüche Salomonis 10.5

Bericht des Journalisten

Ich möchte unbedingt den Menschen in diesem Krieg verstehen. Ich muß verstehen, inwieweit diejenigen, die behaupten, sie verstünden alles – diesen Krieg und den darin verwickelten Menschen –, klüger sind als ich. Ich, der ich bis jetzt noch nicht alles verstehe.

Ich möchte den Zustand des Menschen verstehen.

Ich muß mindestens einen Flüchtling sehen und hören: Was denkt er? Was macht er? Wohin geht er? Worauf hofft er?

Ich möchte den Soldaten verstehen: Warum kämpft er? Weil es ihm befohlen wird? Weil er hereingelegt wurde? Weil er überzeugt ist, daß man kämpfen muß?

Ich möchte auch den Kommandanten der kriegsführenden Armee im Einsatz sehen: Wie macht er das? Was hält er von diesem Krieg?

Das ist nicht schwer: Man braucht sich nur mit einem Flüchtling zu treffen, mit einem Soldaten zu sprechen, einen passenden Vorwand erfinden und einige Stunden im Büro des Armeekommandanten verbringen.

Der Flüchtling hieß Miajan:

„Das weiß ich nicht."

Unmengen von Flüchtlingen – Paschtunen – überschwemmten die Provinz Ningrahar.

Der Flug ist möglich. Um neun Uhr früh.

Morgens um zehn Uhr. Weder die Maschine noch die Besatzung sind da.

Jede Reise, von der man vielleicht überhaupt nicht mehr oder völlig verändert zurückkehrt, beginnt gleich: Am Anfang befürchtet man, daß sie nicht stattfindet. Doch während man wartet, kommen einem auch andere Dinge in den Kopf: daß man diese Reise auch ganz gut missen könnte. Schließlich kann man auch in Kabul Flüchtlinge treffen. Wozu hinfliegen? Wie oft noch? Es ist gefährlich. Man kann dabei auch das Leben verlieren. Man kann verletzt werden, möglicherweise ein Krüppel bleiben. Also wäre das Abblasen nicht die schlimmste Variante.Das ist ein ehrliches Geständnis. Obwohl es für ein wirklich ehrliches wohl zu wortreich ist. Doch so denkt jeder. Gehandelt wird aber anders: Sobald alles wieder in Ordnung ist, besteigt man sogleich die Maschine. Eineinhalb Stunden Himmel. Eineinhalb Stunden russisches Roulett: Treffer? Kein Treffer? Treffer? Kein Treffer? Nach eineinhalb Stunden Himmel kommt ein ganz anderes Land. Afghanisches subtropisches Gebiet. Ein Treffen in einem prächtigen Garten. Der ehemalige Palast der Cahir Schach. Der schönste Palast in Ningrahar.

Der Garten ist mit Flüchtlingen überfüllt. Junge Paschtunen mit Augen wie glühende Kohlen. Weißbärtige, alte Männer in gesteppten Mänteln, mit Augen wie ausgeblichene, alte Seide. Solange nicht von Waffen gesprochen wird, sind sie langsam und bedächtig. Man sitzt auf dem dichten Gras. Ringsum Beete mit schweren Winterrosen.

Andere haben weniger Glück. Für sie war kein Platz im Garten.

Die Flüchtlinge erzählten ihre Geschichten und blickten immer wieder auf die schneebedeckten Gipfel der Weißen Berge. Im Kessel von Chyber tobte eine blutige Schlacht.

Es gibt viele Versionen über die Gründe, die ständig die Chyber-Tragödie provozieren. Am verworrensten drückten sich deren Opfer aus. Dennoch wollte ich unbedingt einen Flüchtling hören und keinen Geopolitiker.

Miajan. Paschtune. Alter: Dreißig bis Fünfunddreißig. Gesprächsfragment:

„Wo sind Ihre Kinder?"
„Sie sind bei uns."
„Und die, deren Eltern umgekommen sind?"
„Wir nahmen sie bei uns auf."
„In Kabul gründete man ein ‚Haus des Kindes'. Für Waisen. Sie können dort untergebracht werden."
„So etwas machen wir nicht. Wenn der Vater oder die Mutter eines Jungen ums Leben kommen, wird er zum Sohn des Stammes. Dasselbe gilt auch für Mädchen."
„Und was machen Ihre Stammesverwandten?"
„Sie gehen in die Berge."
„Was machen sie in den Bergen?"
„Sie kämpfen weiter."
„Gegen wen?"
„Gegen jene, die gegen uns sind."
„Wissen Sie, was Sie morgen erwartet?"
„Das weiß ich nicht."
„Wer hat den Krieg begonnen?"
„Das weiß ich nicht."
„Und wer ist daran beteiligt?"
„Das weiß ich nicht. Alle."
„Wo werden Sie leben?"
„Das weiß ich nicht."
Paschtunen, die aus Pakistan nach Afghanistan flüchten. Paschtunen, die aus Afghanistan nach Pakistan flüchten. Afghanen, die auf den Territorien von Drittländern herumirren. Fünf Millionen Menschen wurden von ihren jahrhundertealten Wohnstätten losgerissen. Fünf Millionen zerstörte Schicksale. Fünf Millionen Unglückliche, die bis zuletzt nicht begriffen, was um sie herum geschah. Was ihrem Heimatland zugestoßen ist. Weshalb diese Plage über ihre heimatlichen Berge hereingebrochen war. Über ihre Täler. Über ihre Häuser. Über ihre Köpfe.
Das alles weiß Miajan nicht. Ich sprach noch mit fünf

anderen Flüchtlingen. Ich stellte immer dieselben Fragen. Die Antworten waren im Grunde genommen auch dieselben.

Damit flog ich nach Kabul zurück.

Die Landung am Kabuler Flughafen für Passagier- und Transportflugzeuge ist einzigartig. Beim Anflug auf die Landebahn wird die Maschine von Kampfhubschraubern begleitet. Die Passagiere schauen aus den Fenstern und sehen am Himmel ringsum lautlose Explosionen aufblitzen. Das ist der Schutz gegen Boden-Luft-Raketen. Das Besondere dieser Raketen ist ihre Zielsuchlenkvorrichtung, die auf Wärmequellen im Himmel reagiert. Solche Wärmequellen können Flugzeugmotoren sein. Um die Raketen abzulenken, umgeben die Hubschrauberpiloten die startenden oder landenden Maschinen mit noch stärkere Wärme ausstrahlenden Zielimitatoren. Daher sind die Passagierflugzeuge stets von hellen Lichtern umgeben. Und das bis zu dem Moment, da die Maschine auf der Landebahn aufsetzt. Oder bis sie eine Höhe von dreitausend Metern erreicht hat. ...

Wieder im Hotel. Das Ergebnis des Fluges sind die Stimmen aus dem Diktiergerät: „Das weiß ich nicht". „Das weiß ich nicht."

Burkow, Soldat des *Begrenzten sowjetischen Kontingents*

„Das weiß ich nicht."

Später Abend. Eine Feldwache. Flakvierlinge. Nahe Sterne. Andrej Burkow. Alter: Zwanzig Jahre. Gesprächsfragment:

„Hast du schon jemals jemanden getötet?" fragte ich.

„Ja", antwortete Andrej. „Ja."

„Einen? Zwei?" wollte ich wissen.

„Einen", war die Antwort. „Nein, zwei."

„Vielleicht auch mehr?"

„Nein."

„Macht dir das Töten Spaß?" fragte ich.

„Nein! Natürlich nicht. Doch wenn ich schieße, denke ich nicht daran. Fängst du erst einmal an nachzudenken, bist du ein toter Mann."

„Und was empfindest du, wenn du auf Menschen schießt?" wollte ich wissen.

„Wenn ich schieße", antwortete Andrej, „erkenne ich mich selbst nicht wieder. Ich verstehe nicht, wo ich bin und warum. Wenn ich untertags, bei Sonnenlicht auf die Geister schieße, wird es mir immer schwarz vor den Augen."

„Warum bist du hier?"

„Wo sollte ich sonst sein?" Andrej war erstaunt. „Ich war doch gesetzlich verpflichtet einzurücken. Und dann ging es ab ins Afghanenland. In der Armee wird man nicht gefragt."

„Weißt du, warum hier Krieg ist?"

„Oja, wegen der Revolution."

„Und wer hat diesen Krieg begonnen?"

„Die Amerikaner", sagte Andrej nach kurzem Zögern.

„Wieso bist du dann hier?" fragte ich.

„Ich? Ich erfülle als Soldat meine internationale Pflicht."

„Und was ist das: die internationale Pflicht?"

„Was heißt: Was ist das? Das ist ... eine Schuldigkeit."

„Schuldigkeit gegenüber wem? Bist du persönlich jemandem etwas schuldig?"

„Ich? Niemandem", erwiderte Andrej.

„Und dir? Ist irgendein Afghane dir etwas schuldig?"

„Nein. Vom Afghanenland hörte ich erst kurz vor der Armee zum ersten Mal. Doch das Land hat uns darum gebeten. Es ist ein Bruderland."

„Worum hat es gebeten?"

„Unsere internationale Pflicht zu erfüllen."

„Das heißt, das zu erfüllen, was du nicht verstehst", sagte ich.

„Wie kommen Sie darauf?" beharrte Andrej. Und dann nach einer Pause:

„Wissen Sie denn, was das ist: die internationale Pflicht?"
„Nein", antwortete ich, „das weiß ich nicht."
„Sie auch nicht?" Der Soldat war erstaunt.
„Nein, ich weiß es auch nicht", wiederholte ich.
„Das ist stark!" sagte Andrej. „Einmal habe ich sogar unseren Politstellvertreter gefragt."
„Und was sagte er?"
„Er sagte, ich solle ihn nicht mit Dummheiten belästigen", antwortete der Soldat. „Solche Dinge, meinte er, wisse doch jedes Kind."
„Die Regierung der UdSSR hat eine politische Entscheidung getroffen, unsere Truppen in Afghanistan einmarschieren zu lassen. Jetzt sind wir hier. War diese Entscheidung richtig oder falsch?" fragte ich.
„Na, das weiß ich doch nicht", antwortete der Soldat. „Das müssen die Generäle wissen."
General Gromow: „Ich bin Armeekommandant.
Fragen Sie jemanden anderen."
Der massive Schreibtisch, an dem der vierundvierzigjährige General-Leutnant Boris Gromow saß, war vom Licht der Morgensonne überflutet. Der General blickte auf das Telephon, von dem aus er vor wenigen Augenblicken mit Moskau gesprochen hatte.
Ich begriff, daß der Befehlshaber der sowjetischen Truppen in Afghanistan mit dem Verteidigungsminister der UdSSR gesprochen hatte. Sicherlich über die Tragödie bei Kandahar.
„Weißt du es schon?" fragte Gromow, als ich eintrat.
„Ja", antwortete ich. „Die Rundfunkstationen haben darüber berichtet."
Am Vorabend in Moskau, wo das sowjetisch-amerikanische Gipfeltreffen stattfand, hatte Gorbatschow auf der gemeinsamen Pressekonferenz mit Reagan gesagt: „Gestern haben in der Gegend von Kandahar einige unserer Genossen den Tod gefunden, außerdem werden einige vermißt."

Ich beschloß, diese dramatische Situation auszunützen. Ich fuhr zum Armeekommandanten und vereinbarte mit ihm, daß ich alle Informationen über die Vermißten aus erster Hand erhalten würde.

Das hieß: von ihm persönlich. Er versprach es mir.

„Leider haben wir bis jetzt keine Nachricht erhalten. Es werden Maßnahmen getroffen."

„Wieviele Tote gab es?" fragte ich.

„Einen Oberstleutnant und einen Soldat", antwortete Gromow. „Über die anderen haben wir noch keine Informationen."

„Und wieviele sind das: die anderen?" fragte ich.

„Noch zwei Oberstleutnants und ein Soldat."

„Wie kommt es, daß gleich drei Oberstleutnants auf einem Fleck waren?" fragte ich weiter.

Gromow hob den Telephonhörer ab und gab mir ein Zeichen zu warten. Er setzte sich mit Piloten in Verbindung und gab ihnen den Auftrag, die Hubschrauber vorzubereiten. „Zwei Wellen. Mit Luftlandesoldaten. Die Bereitschaft melden."

Nun stand er auf, stämmig, nicht groß, sauber, in dunkelgrüner, gefleckter Uniform.

Die Situation sah folgendermaßen aus:

Die drei Oberstleutnants und die zwei Soldaten, ein Bordschütze und ein MTW-Fahrer, gehörten einer Einheit der afghanischen Division an. In der Nähe des Kischlaks Dila geriet die Einheit unter Raketenbeschuß. Das Feuer war massiv. Oberstleutnant Bobrik erlitt schwere Verletzungen. Die Raketen wurden von Granatwerfern und Infanteriewaffen abgelöst. Die Rebellen umzingelten die Einheit und den Kischlak.

Der Kampf zur Entsetzung des Kischlaks begann. Gleich in den ersten Minuten fiel der Soldat Smertenjuk. Oberstleutnant Serikow, der gerade dabei war, dem verletzten Oberstleutnant erste Hilfe zu leisten, wurde ebenfalls getötet.

Der Tod dieser beiden wurde in Kabul sofort bekannt. Der Kampf war zu Ende, und die Afghanen der Regierungstruppen meldeten dem Stab, daß ein sowjetischer Oberstleutnant und ein Soldat gefallen seien. Man habe sie direkt bei den Rädern des MTW liegen gesehen.

Aber wo waren die anderen?

Sie waren doch alle in demselben MTW gefahren: der verletzte Oberstleutnant Bobrik, der zweite Oberstleutnant Krjutschkow sowie der Fahrer des MTW, Krawtsow. Wo waren sie? Genauer gesagt: Wohin waren sie verschwunden?

„Genau das wissen wir eben nicht", sagte Gromow.

„Und was berichten die Afghanen?" fragte ich.

„Daß sie die zwei gesehen haben", antwortete Gromow. „Die anderen kamen ihnen nicht unter. Sie vermuten, daß sie in Gefangenschaft geraten sind. Aber ..."

„Vielleicht sind sie doch nicht gefangen?" warf ich ein.

„Das ist möglich", sagte der Armeekommandant. „Tiefangriffe mit Bomben brachten nichts. Wir haben es zweimal versucht."

Falls die Sowjets gefangengenommen wären, müßten sie sich irgendwo in der Nähe aufhalten. Sie waren nur durch Waffengewalt zu befreien. In der Regel flog man in solchen Situationen zunächst Tiefangriffe mit Bomben. Sie kamen immer unerwartet. Zuerst wurden nur die eventuellen Stützpunkte der Rebellen beschossen, dann auch die Kischlaks. Man schonte niemanden und nichts.

Gleich nach den ersten Tiefangriffen schaltete man die Funküberwachung in der Erwartung ein, daß sich die Geister melden würden. Die reagierten zwar unterschiedlich, doch meist bekamen die sowjetischen Funker folgendes zu hören: „Wir geben die Gefangenen heraus, wenn ihr nur die Flieger stoppt."

Diesmal schwieg der Funk trotz schwerster Angriffe.

„Das kann nur zweierlei bedeuten", sagte Gromow, „entweder ist der Preis zu hoch – es handelt sich bei den Gefangenen ja um sehr hohe Offiziere – oder sie sind schon alle tot."

Gromows Aufstieg zum führenden Militär war in Afghanistan erfolgt. Er war ein Mann mit brillanter militärischer Laufbahn und kompliziertem Privatleben. Die zwei kleinen Söhne Gromows wuchsen in der Heimat praktisch als Waisen auf. Seine Frau war vor seinen Augen ums Leben gekommen. Sie war in einem abgestürzten Flugzeug verbrannt.

Gromow repräsentierte eine neue Generation von hohen sowjetischen Militärs. Im Vergleich zu Generälen des alten Schlags war er wesentlich demokratischer. Er mied die Soldaten nicht, sondern liebte sie. Er zeigte sich offen unzufrieden mit der Herrschaft der Militärbürokratie. Nie besuchte er die speziellen Saunas für die „Bosse", welche die sowjetische Nomenklatura in Afghanistan so wie zu Hause installiert hatte. Er war ein tapferer Mann. Ich war ihm schon oft in den Straßen Afghanistans begegnet, ohne Bewachung und nur in Begleitung von ein oder zwei Soldaten in einem Geländewagen.

Ein General mit Charisma ist in jedem Heer eine Seltenheit. Manchmal war Gromow nicht einfach charmant, sondern schien humaner als ein Priester zu sein. Dabei erfüllte er als Militär hart und konsequent seine menschenfeindliche Mission in Afghanistan.

Wenn mein Eindruck von Gromow stimmte, dann war er eine der tragischsten Figuren in Kabul.

Alles an ihm gefiel mir: Wie er Fragen beantwortete und wie er sie stellte. Wie er Berichte entgegennahm und wie er Befehle erteilte. Wie er militärische Aufgaben stellte und deren Lösungen analysierte. Mir gefiel, daß er korrekt und bescheiden war.

Zum Teufel! Er hätte einen anderen Krieg verdient. Oder einen feierlichen Frieden.

Um elf Uhr zwanzig wurde Gromow gemeldet: Hubschrauber bereit. Landeeinheit an Bord.

„Los!" befahl der General. „Laufend berichten."

„Jetzt wird alles ganz schnell gehen", wandte er sich zu mir und meinte damit, daß die Luftlandesoldaten endlich Licht in die Angelegenheit bringen würden.

Gromow ging davon aus, daß die Menschen noch am Leben sein könnten. Deshalb schickte er die Luftlandesoldaten los.

Er hatte aber auch die andere Möglichkeit nicht ausgeschlossen: daß alle Offiziere und Soldaten gleichzeitig getötet worden waren. Zwei von ihnen waren auf der einsehbaren Seite des MTW gelegen.

Diese hatte man sofort entdeckt und darüber berichtet. Doch die drei anderen konnten durchaus tot auf der anderen Seite des MTW, auf der verdeckten liegen und daher als gefangen oder vermißt gelten.

Genau diese Informationen gab der Befehlshaber dem Verteidigungsminister der UdSSR in Moskau. Der Minister leitete sie an den Generalsekretär des ZK der KPdSU weiter, und dieser machte sie auf einer Pressekonferenz weltweit bekannt.

Noch nie zuvor war auf dieser Ebene so offen von Verlusten berichtet worden, selbst wenn es sich um Tausende gehandelt hatte. Doch dies war ein Sonderfall. Die Tragödie ereignete sich, nachdem die Sowjetunion ihre Absicht zum Abzug aller Truppen aus Afghanistan verkündet hatte, also nach Unterzeichnung des Genfer Abkommens. Das ganze *Begrenzte sowjetische Kontingent* lebte in Erwartung des Befehls zum letzten Eilmarsch in Richtung Heimat.

Jeder der Luftlandesoldaten, die ins Kampfgebiet um den Kischlak Gila entsandt wurden, hatte sich ebenfalls schon auf ein Wiedersehen mit der Heimat eingestellt. Jetzt aber ging der Flug in die entgegengesetzte Richtung.

Ihre Aufgabe war es, die Lage zu erkunden und nach Möglichkeit die Überlebenden dem Feind zu entreißen. Es hieß: die Lage erkunden und die Verletzten nach Möglichkeit zu retten. Und die Toten nach Möglichkeit mitzunehmen.

Man konnte nur den eigenen Männern trauen. Man konnte einem Afghanen nicht befehlen: Schleich' dich an den MTW heran und schau' was los ist. Genauer gesagt, es wäre zwecklos gewesen. Er hätte behauptet, schon dort gewesen zu sein. Ohne mit der Wimper zu zucken.

Nur die hoffnungslosen Politiker von vorgestern oder die vom Doppelpatriotismus halb verrückten Zeitungsleute idealisierten nach wie vor die Soldaten und Offiziere der afghanischen Regierungstruppen. Doch jene, die Schulter an Schulter mit ihnen zusammen kämpften, wußten schon längst, daß auf einen echten Revolutionär ein Haufen von Tölpeln kamen. Diese kannten weder die Ziele noch den Sinn der Kämpfe. Bei jeder Gelegenheit ergriffen sie die Flucht. In letzter Zeit regimentweise.

Der Oberbefehlshaber des *Begrenzten sowjetischen Kontingents* wußte das besser als die Journalisten. Er wußte von der massenhaften Fahnenflucht. Er wußte, daß sich unter den hohen Offizieren im afghanischen Verteidigungsministerium Verräter befanden. Er wußte von den sonst zuverlässigen Kerlen aus den Luftstreitkräften, die bereits offen, ohne jegliche Angst über ihre Zukunft diskutierten. Sie hatten sich schon entschieden. Beim Abzug der Sowjets würden sie ihre Familienangehörigen in die Flugzeuge stecken und alle gemeinsam hinterherfliegen. Und auf den sowjetischen Flughäfen landen. Und dort auch bleiben. „Wir können diese Revolution nicht brauchen." Letzten Endes nahmen sie jedoch von diesen Plänen Abstand. Es fand sich ein Kluger, der darauf hinwies, daß jede Regierung Militärpiloten benötige. Ohne Militärpiloten könne kein Regime existieren. Sie seien die Elite.

Der Befehlshaber wußte alles. Er zählte nur auf die eigenen Männer.

„Funk!"

Gromow wurde berichtet, daß die Luftlandeeinheit bereits

vor Ort sei. Es gebe aber keinen Gegner. Die Gefallenen legten selbst Zeugnis von ihrem Tod ab: Zwei von ihnen – der Oberstleutnant Serikow und der Soldat Smertenjuk – lagen so, wie die Afghanen berichtet hatten, auf einer Seite des MTW. Die drei anderen: der Fahrer Krawtsow und die Oberstleutnants Bobrik und Krjutschkow befanden sich, wie Gromow vermutet hatte, auf der anderen Seite des MTW.

Die afghanischen Soldaten hatten Angst, sich hundert Meter zu entfernen. Genauso weit hätten sie gehen müssen, um den Ort der Tragödie zu untersuchen.

Dies kann man ihnen nur schwer übelnehmen. Daran war der Charakter dieses Krieges schuld.

Die afghanischen Offiziere berichteten ihrem Stab, daß die sowjetischen Opfer wahrscheinlich gefangengenommen worden seien. Auch das kann man ihnen nicht übelnehmen. Denn auch sie waren gestern noch einfache Soldaten.

Der Stab leitete diese Vermutung an die Sowjets weiter. Die Sowjets griffen im Tiefflug mit Bomben an, denn sie wollten ihre Leute aus der möglichen Gefangenschaft befreien.

Die Flieger töteten eine unbekannte Zahl unschuldiger Dorfbewohner und legten den Kischlak in Trümmer.

Das ist das Gesetz jeden Krieges.

Das Staatsoberhaupt in Moskau berichtete der Welt von den Vermißten und sprach von der unvermeidlichen Vergeltung.

So ist die gute Welt.

Sie lagen rücklings mit dem Gesicht gen Himmel. Jeder Kopf war mit einem zugespitzten Holzpfahl, der durch den Mund getrieben war, am Erdboden festgenagelt.

Ihre erste Aufgabe hatten die Luftlandesoldaten somit erfüllt. Nun stand ihnen noch eine zweite bevor: die Toten zu bergen und selbst lebendig zum Stützpunkt zurückzukehren.

Sie näherten sich Kabul vom Osten.

Am Anfang des Krieges hatten die Hubschrauber hier nach Belieben herumfliegen können. In großer und in geringer

Höhe. Doch jetzt war es gefährlich auf geringer Höhe zu fliegen, denn die Geister schossen nun aus Zwillings MG und setzten Oerlikons[25] und anfangs vereinzelt auch „ägyptische Pfeile"[26] ein. Da flogen die Piloten höher. Die Rebellen blieben aber nicht untätig: Sie hatten nun „Stingers"[27]und „Blowpipes"[28]. „Ägyptische Pfeile" besaßen sie in Massen. Dieses Arsenal traf die Hubschrauber gerade in großen Höhen. So mußte man wieder tiefer zur Erde gehen. Doch ging es schon kaum mehr tiefer. Die dröhnenden Hubschrauber schossen in der Höhe von einigen Metern umher. Natürlich bestand dort die Gefahr, aus Schützenwaffen getroffen zu werden, was oft vorkam. Manchmal kehrten die Hubschrauber von MP-Salven völlig durchlöchert zu den Stützpunkten zurück. Doch sie kamen wenigstens zurück! Ein „Blowpipe"-Treffer aber zerriß sie in Stücke.

Das Wichtigste war jetzt daher, diese Gefahren zu überwinden und ohne Verluste zum Stützpunkt zurückzukehren.

Der General behielt die Situation ständig im Auge.

Meistens beobachtete ich ihn schweigend. Es waren spannungsreiche Tage. Vielleicht die spannungsreichsten Tage des Krieges: Noch gab es Gefechte, doch gleichzeitig wurde bereits an den Zeitplänen für den Truppenabzug aus dem Land gearbeitet, Kolonnen formiert, die Marschrouten festgelegt, die Termine, das Sicherheitssystem.

Alle fünf Minuten kamen Anrufe des Verteidigungsministeriums der UdSSR. Natürlich wußten sie dort viel besser, wie und was im Afghanenland zu tun war.

Die Geschäftigkeit führte zu nichts, die Bevormundung erstreckte sich selbst auf Kleinigkeiten.

Der Stab des *Begrenzten Kontingents* war entrüstet. Gromow zeigte keinerlei Emotionen.

„Sie nähern sich dem Stützpunkt", wurde dem Befehlshaber gemeldet.

„Sie sind schon da."

„Sie sind schon im Landeanflug."

Gromow saß an seinem massiven Schreibtisch im rötlichen Licht der untergehenden Kabuler Abendsonne. Er blickte auf das Telephon, mit dem er dem Verteidigungsminister der UdSSR über die Ergebnisse der Operation berichten sollte. Nach der Meldung „Hubschrauber gelandet. Keine Schäden und Verluste", hob er den Hörer ab und sagte: „Verbinden Sie mich mit Moskau. Hier spricht Gromow."

Auf die Frage des Journalisten: „Wie beurteilen Sie den Beschluß der sowjetischen Regierung, Truppen nach Afghanistan zu entsenden?" antwortete Gromow: „Ich bin der Armeekommandant, fragen Sie jemanden anderen."

Der Flüchtling: „Das weiß ich nicht."

Der Soldat: „Das weiß ich nicht."

Der Armeekommandant: „Fragen Sie jemanden anderen."

Ich möchte nach wie vor verstehen, inwieweit diejenigen, die behaupten sie verstünden alles – diesen Krieg und den darin verwickelten Menschen –, klüger sind als ich. Ich, der ich bis jetzt noch nicht alles verstehe.

Aber das ist auch schon die Antwort.

Hoffnung gibt es auch auf Gräbern

„,Schade', sagte der Arzt, ‚schade, daß alles so gekommen ist. Doch Hoffnung gibt es auch noch auf Gräbern', fügte er hinzu."

Bericht eines Soldaten

Er erwachte vom hellen, warmen Morgenlicht.

„Guten Morgen, Genosse Leutnant!" sagte jemand. „Ein schöner Tag. Die afghanische Sonne. "

„Guten Morgen!" antwortete Schmeljow mit heller Stimme.

Er warf die leichte, graue Decke ab und sprang federnd auf.

Der Soldat, der an den Fensterrahmen herumwerkelte, sah viel älter als der Leutnant aus: Der Kerl mußte mindestens fünfundzwanzig sein, während Schmeljow noch nicht einmal einundzwanzig war.

Der Soldat packte das Werkzeug zusammen und ging fort.

Im selben Augenblick stürzte ein Hauptmann ins Zimmer: Ihm gehörte das Bett in der linken Ecke des Zimmers, gegenüber dem von Schmeljow.

„Grüß dich, Doc!" sagte der Hauptmann. „Heute bin ich etwas früher fertig geworden. Es scheint alles entschieden: Ich fliege nach Djalalabad." Er zog die Jacke mit dem Ärzteemblem aus und sang:

„Ist der Krieg für dich ein Furz,
in Djalalabad kommst nicht zu kurz!"

Der junge Leutnant errötete. Der Hauptmann fuhr fort:

„Ich habe im Stab in die Glotze geschaut. Die schafft Moskau mit links. Über einen Satelliten. Es gab gerade die Frühnachrichten."

„Irgend etwas Interessantes?"

„Nichts Besonderes", warf der Hauptmann hin. „Wukowo[29], Ehrenformation, soziale Küsse."

„Soziale Küsse – wohin?" fragte Schmeljow und errötete diesmal über seine eigenen Worte.

„Nur auf die Wange", lachte der Hauptmann. „Und ohne Liebe."

Schmeljow befand sich bereits seit zwei Wochen auf afghanischem Boden.

All diese Zeit hatte sich der Leutnant der Medizin in einem Regiment aufgehalten, das in einem Vorort von Kabul stationiert war. Er wartete auf den Transport zu seinem ständigen Einsatzort. Die Provinz war erst gestern festgelegt worden: Laghman. Da man ihn nicht allein dorthin schicken konnte, wartete er nun auf eine Mitfahrmöglichkeit.

Vor seinem Einsatz in Afghanistan hatte Schmeljow in der Ukraine, in Kiew gelebt. Sein Vater war Architekt, die Mutter Kinderärztin. Sie gaben ihrem einzigen Sohn alles nur Mögliche. Entgegen der allgemeinen Regel wurde aus dem Sohn kein Egoist und Nichtstuer, sondern ein genügsamer, schüchterner und freundlicher Bursche.

Zu Hause besaß er eine ausgezeichnete Bibliothek. Sein besonderer Stolz war das Lyrikregal mit Puschkin, Pasternak, Achmatowa, Lermontow, Eliot, Whitman - und ein riesiges Plakat der Beatles, groß wie die halbe Wand, das er irgendwo gegen ein Fahrrad eingetauscht hatte.

Er liebte auch seinen bescheidenen Plattenspieler und die Schallplatten. Ein Geschenk des Vaters, ein schöner Globus, wie er in der Sowjetunion seit etwa dreißig Jahren – d.h. seitdem die Ideologen beschlossen hatten, daß die Welt viel kleiner sei als das Land – nicht mehr hergestellt wurde, erfüllte ihn mit großer Freude.

Schmeljow war von allem begeistert.

„Toll!" sagte er, als er einen neuen spanischen Bus auf den Kiewer Straßen sah.

„Einzigartig!" nannte er den neuen Schlager von Alla Pugatschowa.

„Das ist kolossal", meinte er zu irgendeinem Mist des Dowschenko[30]-Filmstudios.

Der zukünftige Militärmediziner freute sich des Lebens.

Er wusch sich die Hände und das Gesicht und verließ die Kaserne.

Die Sonne kann Kabul und seine Umgebung erst dann beleuchten, wenn sie sich über den größten „Steinknoten" der Erde erhoben hat. An diesem Ort kreuzen sich Himalaja, Pamir, Hindukusch und Kuen Luengh. Nachdem sie diese Hürde genommen hat, überflutet die Sonne die Hauptstadt und das ganze Land mit ihrem Licht. So war es auch heute. Goldene Strahlen beleuchteten die Militärsiedlung. Die aus hellgelben Bretterplatten gezimmerten Kasernen waren sauber und elegant. Eine Allee teilte das Gelände der Siedlung und erinnerte in ihrer Gepflegtheit an eine Ansichtskarte. Das Regiment lag in einer sehr malerischen Gegend und war der sicherste und beliebteste Ort der zahlreichen Inspektionen, die aus Moskau nach Kabul geschickt wurden. Ein General oder Oberst weilte für einige Tage beim Regiment, rügte einen Soldaten wegen eines schlampig gemachten Betts und hatte somit die Möglichkeit, im Bericht zu schreiben: „Arbeit in den Truppen vor Ort geleistet."

Dies alles ging Schmeljow nichts an. Davon wußte er nichts. Er ging in der Hauptallee der Siedlung spazieren und begrüßte alle, denen er begegnete.

Die Allee schmückten schwere Porträts von Politbüromitgliedern des ZK der KPdSU.

„Wie am Kreschtschatik[31]", freute er sich.

Vor seinem Abflug aus Kiew hatte Schmeljow ein wichtiges Gespräch. Dessen prophetischer Bedeutung sollte er sich jedoch nie bewußt werden.

Das Mädchen hieß Julia. Natürlich war er von ihr begeistert.

„Du", sagte sie, „hättest die Laufbahn von Wischnjewski[32] haben können."

„Ich werde eine Kapazität im eigenen Namen werden", entgegnete Schmeljow.

„Wir könnten ..."

„Ich habe mich schon entschieden", sagte Schmeljow.

„Aus uns zwei wird nichts", sagte Julia plötzlich.

„Warum nicht?"

Schmeljow war erstaunt.

„Vorahnung", sagte Julia ernst.

Schmeljow hatte ihr kein Wort von Afghanistan gesagt. Von seinem bevorstehenden Abflug nach Kabul wußten vorläufig nur seine Eltern.

„Vorahnung ist das Los der Grauhaarigen", lachte er. „Nichts wird uns im Weg stehen. Es ist alles vielleicht nur eine Frage der Zeit."

Schmeljow wußte nicht, daß die meisten Frauen bereits mit Achtzehn unterschwellig die Schicksale aller jungen Männer ihrer Bekanntschaft vorausahnen können. Sie wissen im voraus: Auf diesen wartet ein Erfolg, dieser wird scheitern. Mit diesem ist es sicher, mit jenem nichts als Unglück. Aber am deutlichsten spüren sie kommende Tragödien.

Doch der Afghanistankrieg erfüllte Schmeljow mit Begeisterung und nicht mit Besorgnis.

„Ich bin sicher", sagte er, „daß wir zusammen sein werden."

„Du bist beim Militär", sagte Julia, „du bist ein Leutnant."

„Ich bin ein Soldat", korrigierte er sie. „Solange ich kein General bin, halte ich mich für einen einfachen Soldaten. Für einen Soldaten der Armee der Mediziner."

„Du bist beim Militär", wiederholte Julia. „Morgen schickt man dich in die Arktis. Oder in den Fernen Osten. Vielleicht auch nach Afghanistan. Alles ist möglich."

„Alles!" strahlte er.

„Alles", wiederholte sie.

„Na und?"

„Nichts. Reden wir von etwas anderem."

„Nein", entgegnete er, denn dieses Gespräch machte ihm Spaß, „ich möchte lieber weiter darüber reden."

„Der Beruf des Militärs ist ein Gefängnis", sagte Julia mit einem noch nie dagewesenen Ernst. „Wenn man ihn wählt, dann fürs ganze Leben. Warum aber fürs ganze Leben? Warum nicht nur für fünf oder zehn Jahre? Und wenn es sich als Fehler herausstellt? Soll man sich dann das ganze Leben lang damit abquälen? Und der Sache schaden? Der Sache, die man nicht mehr liebt, die man vielleicht auch nie geliebt hat? Die man auch nicht richtig tun kann, weil sie uninteressant geworden ist? Wer hat sich denn das ausgedacht, einen Menschen in seinen Jugendjahren einzufangen und bis ins hohe Alter nicht mehr loszulassen? Ist das überall so oder nur bei uns? Wie im Mittelalter", schloß sie. „Eine Barbarei."

„Daran habe ich noch gar nicht gedacht", gestand Schmeljow. Sein Glaube an den Erfolg, an die Richtigkeit seiner Wahl, an das Lebensglück waren ähnlich dem allgemeinen Glauben an die Allmacht des Goldes.

„Ich habe auch nie daran gedacht. Das sind Gedanken meiner Mutter. In bezug auf meinen Vater. Jetzt sind es auch meine Gedanken."

Es drängte Schmeljow plötzlich zu sagen:

„Ich fliege nach Afghanistan. Unser ganzer Kurs geht nach Afghanistan."

Doch der kindische Wunsch, das Mädchenherz direkt von seinem Einsatzort aus zu beeindrucken, überwog.

„So ist es immer", sagte er. „Es wäre so schön über uns beide zu sprechen, und du sprichst über den Beruf."

„Das ist ja über uns beide", sagte Julia in sehr erwachsenem Tonfall.

„Ich habe dich schon drei Tage lang nicht geküßt."

„Läuft etwa das Tonbandgerät?"

„Ach ja, ein Grundig! Ich habe dir doch erzählt, der Vater brachte es aus der Bundesrepublik mit."

„Ist es eingestellt?"

„Ja, ich habe unser Gespräch aufgenommen. Als Andenken."

Jetzt hatte er die Casette bei sich. Hier klang natürlich alles anders. Doch Julias Stimme war immer noch wichtiger als ihre Worte.

Wie zu erwarten war, beeindruckte Kabul Schmeljow sehr. Im Laufe der zwei Wochen, die er im Regiment verbrachte, gelang es ihm dreimal, in die Stadt zu kommen – zweimal mit dem MTW und einmal mit dem Gas-69 Geländewagen. Er wurde von erfahrenen Soldaten mitgenommen.

Er sah das Stadtzentrum und ging auch zum berühmten „Grünen Markt", wo die sowjetischen Soldaten mit gefällten MPs herumspazierten und wie Herren in alle Geschäfte hineinschauten.

Überall herrschte ein Heidenlärm und drängte sich das Volk. Die meisten Käufer standen natürlich an den Buden, wo duftendes Fladenbrot verkauft wurde. Auch die Obststände waren voll. Hier wurden Bananen, Nüsse und Orangen aus der Provinz Ningrahar verkauft. Überall häuften sich Berge von rosa und gelben, geschälten Karotten. Schmeljow hatte Glück. Sie hatten den Markt am frühen Vormittag erreicht. Auf den Ladentischen, auf den ausgebreiteten Tischdecken, auf Bastmatten tauchten vor ihren Augen Schmuckstücke aus Achat, Amethyst, Karneol, Lazurstein auf, breiteten sich Halsketten und Armbänder, Gebetschnüre aus dunkelrot leuchtendem Granat aus. Kleine, mittelgroße und riesige Teppiche mit unvorstellbaren Mustern wurden ausgehängt. Hurtige, zerlumpte, freche Laufburschen bereiteten Mützen aus Fuchs- und Wolfspelz vor, schüttelten sie auf, um ihnen Fülle zu geben. Die Mützen sahen flauschig wie leichte, goldene Wolken aus.

„Toll!" wiederholte Schmeljow und drehte seinen kurzgeschorenen Kopf wie ein Vogel nach allen Seiten.

Der Basar war unerschöpflich: Stände mit Schafpelzmänteln wurden von Läden mit Ochsenfellen abgelöst, dann kamen Stricksachen aus Kamelhaar, Tee- und Kaffeservice aus Hongkong, Indien und China. Weiters gab es Stereoanlagen der bekanntesten internationalen Marken, große Fernsehapparate, Digitaluhren für jeden Geschmack.

Etwas Derartiges kann man nirgendwo anders sehen. Schade, daß auch hier gemordet wurde, manchmal mit dem Messer aus dem Hinterhalt. Auch ganze Geschäfte wurden in die Luft gejagt.

Davon hatte Schmeljow gehört. Doch das Gehörte und das Gesehene stimmten bei ihm, wie übrigens bei den meisten Menschen, nicht immer überein. Das Gehörte wurde vom Gesehenen stets verdrängt. Anders konnte es auch nicht sein.

Den Eltern beschrieb Schmeljow den Basar nur ganz kurz. Julia erhielt einen ausführlicheren Bericht. Beide Briefe begannen und endeten gleich: „Toll!"

Im Laufe von zwei Wochen gingen sieben Briefe von Kabul nach Kiew. Drei nach Hause, vier an Julia.

„Es war ein Fehler, daß ich die Medizin zu meinem Beruf gemacht habe", schrieb er nach Hause. „Wie mir hier klar wurde, ziehen mich Geographie und Geschichte viel mehr an. Keiner der Mediziner, mit denen ich hier verkehre, hat je auch nur davon gehört, was mir sofort aufgefallen ist. Das interessiert sie einfach nicht. Mich aber fasziniert es."

Und weiter erzählte er die Geschichten, die er in Kabul gehört hatte.

„Lieber Vater", schrieb er in einem anderen Brief. „Die Unseren haben hier ein umwerfend schönes Gebäude errichtet, das ‚Haus der sowjetischen Kunst und Kultur'. Du als Architekt wärst sicher sehr beeindruckt von diesem schönen Bau! Mich aber hat etwas anderes in Erstaunen versetzt: Dieses UdSSR-Zentrum wurde von einem Zyprioten projektiert. Warum nicht von einem sowjetischen Architekten?

Die Stadt Kabul besteht bereits seit fünfzehn Jahrhunderten. Auf den ersten Blick erscheint sie unordentlich, chaotisch und planlos. Und die Kleidung ihrer Bewohner als der Gipfel der Unbequemlichkeit. Doch so sehen es nur wir. Ich war erschüttert, als ich erfuhr, daß der komische Turban auf dem Kopf eines Afghanen nicht nur eine Kopfbedeckung ist, sondern gleichzeitig auch ein Tischtuch und ein Bettlaken. Ein Turban ist vierzehn Meter lang. Könnt Ihr Euch das vorstellen? Hier beginne ich sehr wichtige Dinge zu verstehen. Zum Beispiel, daß die Menschen nie ohne Sinn handeln. Sie können versuchsweise etwas Sinnloses unternehmen, doch werden sie nicht jahrhundertelang damit fortfahren. Nur ist dieser Sinn nicht immer für alle erkennbar. Ich habe ihn erkannt!"

„In Kabul gibt es zwei Farben für Taxis", berichtete er in seinem nächsten Brief, „Schwarz-Weiß und Weiß-Gelb. Warum?"

Darauf folgte eine acht Seiten lange Geschichte voll Humor und Ausrufezeichen, die auch auf einem Blockblatt Platz gefunden hätte. Als Daud an der Macht war, habe er eine Verordnung erlassen, die alle Taxibesitzer verpflichtete, ihre Taxis auf Schwarz-Weiß umzuspritzen. Dauds Verwandte, sowie er selbst, seien an den Autolackierwerkstätten beteiligt gewesen. In Kabul habe es aber nicht genügend derartige Werkstätten gegeben, sodaß sie diese Arbeiten nie zu Ende führen konnten. Als Amin an die Macht gekommen sei, habe er unter anderem auch Dauds Farben- und Lackbefehl widerrufen und einen neuen erlassen: Alle Taxis sollten nun auf Gelb-Weiß umgespritzt werden. Wie sich herausgestellt habe, waren auch Amins Verwandte an Autolackierwerkstätten beteiligt und ebenfalls auf Gewinn angewiesen. Doch auch diesmal habe die Zeit nur für das Umspritzen der Hälfte aller Taxis ausgereicht, dann sei Taraki an die Macht gekommen. Seine Verwandten haben andere Geschäfte betrieben.

„Denkt nicht, daß ich in Kabul mit dem Taxi fahre", schloß

Schmeljow. „Die Taxis sehen wir, wenn wir in unseren MTWs durch die Stadt fahren."

So erfuhr man in Kiew viel über Kabul. Nur der Krieg wurde in keinem einzigen Brief erwähnt. Doch den Krieg hatte Schmeljow auch noch nicht gesehen.

Kabul war ungewöhnlich ruhig in diesen Wochen.

Dann kam endlich der Tag der Abfahrt. Die Panzergruppe zog nach Pagman. „Euer Schützenpanzer fährt als zweiter", lautete der Befehl. „Schnell fertig machen!"

Schmeljow brauchte nicht lange.

Zehn Minuten vor der Abfahrt übergab man ihm einen Brief von zu Hause. Den Brief brachte ein Bekannter seines Vaters, der sich in einer Bauangelegenheit auf Dienstreise in Afghanistan befand.

Schmeljow konnte den Brief erst lesen, als er bereits auf dem Schützenpanzer saß. Er enthielt nichts Wichtiges: „... paß gut auf Dich auf, mein Sohn. Deine Mutter vermißt Dich sehr. Auch mir ist sonderbar zumute." Dann folgte in der Schrift der Mutter: „Wolodja, mein liebes Kind, sei vorsichtiger! Du bist zu sorglos. ... Ich hatte einen schrecklichen Traum ... mir träumte von Dir ... Das ist ja verständlich, denn wir sind alle mit den Nerven herunter. Ich rief sogar Julia an. Wir haben beide ein wenig geweint."

Der SPz sprang los. Das Blatt flog Schmeljow aus der Hand und wirbelte im dichten Staub davon.

„Nicht den Kopf hängen lassen!" rief ihm der Major zu, der neben ihm auf dem Panzer saß.

Er aber dachte gar nicht daran, den Kopf hängen zu lassen, er stand bereits mitten in seinem neuen Leben, das mit der bevorstehenden Fahrt seinen Anfang nahm. Der junge Leutnant der Medizin stürzte jenen Dingen entgegen, die schon jemand anderer im Traum gesehen und vorausgeahnt hatte.

Er gewöhnte sich rasch an das Rasseln der Gleisketten. Das

viele Tonnen schwere Fahrzeug fuhr behäbig und schnell. Etwas schwieriger war es, sich an die Situation und die Besatzung zu gewöhnen. Natürlich gehörten sie alle zusammen, doch er fühlte sich noch nicht als Teil von ihnen, sondern als Außenstehender.

Er war ein Neuling. Er kam aus einer anderen Welt, in der alles anders ist. Noch vor kurzem war er durch die Straßen Kiews gegangen und hatte sich mit gewohnten Dingen befaßt. Am allerwenigsten hatte er damals daran gedacht, daß in der Welt auch so etwas wie Krieg, Kampf und Anstrengung existiert. Doch sind sie aus irgendwelchen Gründen an einem Ort nicht, so müssen sie sich an einem anderen befinden. Und sie können den Ort sehr schnell und unerwartet wechseln. Oder du selbst wirst an einen anderen Ort versetzt. Darauf mußt du gefaßt sein. Doch wie? Das ist nicht so einfach.

Seine einzige Vorbereitung darauf waren die Hanteln in der Früh. Saß man außen auf dem Panzer, so gingen viele Dinge, die gestern noch ihre Gültigkeit besaßen, in Scherben. Um sie wieder zusammenzufügen und eine haltbare, der Lage entsprechende menschliche Konstruktion daraus zu machen, brauchte man Zeit. Doch woher sollte man diese nehmen?

Über den Vororten von Kabul hingen Kampfhubschrauber, die immer viel zu tun hatten. Die Hubschrauber flogen nur paarweise, nie allein. So wurde der Suchbereich durch weitere Augen erweitert. Wenn einer der Hubschrauber landete, um den Kampfauftrag auszuführen, flog der zweite den Bereich ab und deckte ihn aus der Luft. Gleichzeitig behielt er die Lage im Auge. Wurde hingegen einer der Hubschrauber getroffen und zu einer Notlandung gezwungen, so landete der zweite sogleich neben ihm, um die Besatzung zu bergen. Das sollte verhindern, daß Soldaten in die Hände der Geister fielen.

Der Major und die Soldaten schauten angespannt und ließen ihre Blicke nicht abschweifen, schauten immer nur auf den Weg. Schmeljow aber hatte nur Augen für die Gegend.

Die letzten Wohnblöcke der Stadt lagen bereits hinter ihnen. Sie fuhren an halbverfallenen Lehmhütten vorbei, dann kamen die letzten, vereinzelten Geschäfte, deren Fensterscheiben mindestens zur Hälfte mit Bildern aus europäischen Pornozeitschriften verklebt waren.

Links hinter ihnen blieben die mit Stacheldraht umzäunten Spitalsbaracken zurück. Dort lagen Kranke mit Abdominaltyphus, Hepatitis, Cholera. Dann begann die graue, kahle Steppe. Sie breitete sich am Fuß der bronzeschwarzen Hindukuschkette aus und erinnerte an die russische Steppe, jedoch ohne Gras und den gewohnten Duft. Sie erinnerte an die Steppe des zerbrechlichen Friedens.

Nach zwanzig Minuten waren sie bereits in den Bergen. In den Bergen des Krieges.

„Jul!

Jetzt weißt Du also, wo ich bin. Ich bin glücklich. Kabul ist von tollen Bergen umgeben. In den Bergen muß man einsehen, daß wir klein von Wuchs sind. Es sind herrliche Berge. Man sollte sie malen. Doch jeden Morgen sehen sie anders aus. Da braucht man einen Rörich[(33)]. Dein W."

Vor jedem Tunnel hob der Major die Hand und spreizte zwei Finger. Mit dieser Bewegung fragte er: „Schließen die anderen Fahrzeuge auf?" Worauf der Bordschütze antwortete: „Alle da!"

Die Tunnels waren kalt und feucht. Das Scheinwerferlicht der SPz leuchtete darin in einem goldenen, skrofulösen Rosa. So muß einem Schwerverletzten der Glanz eines goldenen Schmuckstücks in der Sonne erscheinen. Schmeljow sah nur den goldenen Schimmer dieses Lichts.

Der Kopf des SPz-Fahrers, Leontjew, ragte aus der Luke hervor. Er war mit einem schwarzen Helm bedeckt und erinnerte an eine Seemine.

Leontjew fuhr diese Route zum ersten Mal. Er wußte weder wo die Steigungen noch wo die Kurven lagen. Die Straße ging jedoch oft sehr steil bergab und danach genauso steil bergauf. Auf manchen Straßenabschnitten fuhr die linke Kette zwei Zentimeter neben dem Abgrund. Der Abgrund war sieben- bis achthundert Meter tief, stellenweise sogar einen Kilometer.

Der Fahrer wußte nicht, wo die Kurven lagen, nur Major Obrutschew kannte die Strecke auswendig. Doch er konnte den Motorenlärm nicht überschreien. Den im Nachtgefecht geprellten Fuß ausgestreckt, hielt sich Obrutschew mit der rechten Hand am Kanonenlauf fest, während seine linke auf dem Helm des Fahrers lag. Mit dieser Hand drückte der Major auf den Helm und drehte den Kopf des Fahrers nach rechts oder nach links (langsamer oder schneller fahren) und gab ihm so Informationen über den Verlauf der Straße. Schmeljow verfolgte diese „Anweisungen" mit stockendem Herzen.

Neben ihm hockten andere Besatzungsmitglieder. Links hinten saß der Soldat Polenow. Sein Gesicht zeigte eine frische Röte. Er richtete ständig seine Patronentasche zurecht und fixierte die Felsen, an denen sie vorbeifuhren. Seine MP war entsichert. Rechts an der Antennenanschlußbüchse saß der Soldat Bachramow. Auch sein Gesicht war frisch und rot. Auch er fixierte die Felsen. Auch seine MP war entsichert. Vorne saß Sergeant Batyru. Auch er hielt seine MP fest umklammert und löste seinen Blick nicht von den Felsen. Was die Röte und Frische seines Gesichtes betraf, so schlug er alle. Jeder einzeln und alle zusammen verrichteten sie ihren Dienst. Sie beobachteten die Felsen, denn jeden Augenblick mußte ein Angriff erwartet werden. Sie waren gefechtsbereit. Diese Bereitschaft war hier im Afghanenland schon längst zum gewohnten Zustand geworden. Eben diese ständige Bereitschaft unterschied die Veteranen von denjenigen, die sie noch nicht erlernt hatten. Von Schmeljow zum Beispiel. Und von ihnen selbst während ihrer ersten Dienstmonate.

In einer dunklen Schlucht starb der Motor ihres Fahrzeuges ab. Sie blieben stehen. Die Soldaten hoben automatisch die kurzen, kalten MP-Läufe. Das Fahrzeug hinter ihnen blieb ebenfalls stehen, denn sie verstellten ihm den Weg.

Rechts war ein steiler Abgrund, links Felsen, die bis in den Himmel ragten. Die Lage war äußerst gefährlich. Zwar konnten sie ein starkes Gegenfeuer eröffnen, doch hatten sie keinerlei Deckung vor einem möglichen Beschuß. Aus dem gelben Wasser des Bergflusses ragte das Skelett eines ausgebrannten MTWs. In einiger Entfernung konnten sie zwei weitere ausmachen. Außerdem sahen sie noch einen Bus und einen Panzer. Schmeljow hätte nie gedacht, daß man einen Panzer so sehr zerstören könnte.

Major Obrutschew und der Fahrer Leontjew begannen mit den Reparaturarbeiten. Sie hoben die Motorhaube hoch und kletterten ins heiße, nach Diesel stinkende Innere des SPz.

Die Soldaten teilten die umliegenden Felsen in Abschnitte ein. Jeder kontrollierte einen. Erfahrung bedeutete hier nichts. Die Gefahr konnte sich nur in zwei Dingen zeigen: in Bewegung und Geräusch. Beides konnte ein Neuling so gut wie ein Veteran entdecken.

Doch es gab einen Unterschied: Zum Unterschied vom Veteranen wird der Neuling nicht sofort an das glauben, was er gesehen oder gehört hat. Er wird sich noch einmal vergewissern wollen, und das wird sein Fehler sein. Ein erfahrener Soldat wird auf keine Wiederholung warten, denn er weiß sehr wohl, daß im Gebirge die Schnelligkeit der Reaktion alles entscheidet. Entweder erledigst du den Feind oder er dich.

Weit vorne, am klaren, hohen Himmel flog ein Hubschrauberpaar vorbei. Und sofort sah Schmeljow etwas wie aufgegangene Baumwollkapseln rings um sie. Das waren Explosionen. Die Oerlikons, die Gebirgsflaks der Geister waren auf der Jagd.

„Aus der Schweiz", meinte der Sergeant.

Schmeljow starrte auf die Felsen. Endlich begriff er, daß hinter jedem Stein ein tödlicher Schuß auf jeden von ihnen abgegeben werden konnte. Er beobachtete einen Stein, bis ihm im nächsten Moment einfiel, daß der Feind hinter einem anderen sitzen könnte, und beobachtete daraufhin diesen anderen Stein.

Die Erkundung dauerte ziemlich lange. Die Gefahr lauerte überall. Da ging langsam eine völlige Veränderung in ihm vor. Er empfand echte Todesangst. Er empfand sie und schüttelte sie schnell wieder ab.

Danach erkannte er, daß er nicht alleine, sondern mit anderen zusammen war.

Wahrscheinlich läßt nur akute Todesgefahr die Einigkeit von Menschen erkennen, die gemeinsam in den Kampf ziehen und zum Gefecht bereit sind.

Eigentlich hätten sie weiterfahren sollen, doch mit dem Motor sah es schlecht aus. Der Major hinkte zum zweiten SPz. Ein Oberleutnant sprang von der Panzerung und kam dem Major entgegen. Nach einer kurzen Unterredung beschlossen sie, den Motor mit Hilfe des zweiten Fahrzeuges anzustarten. Der arme Leontjew, verschmutzt von Kopf bis Fuß, schlug die breite, grüne Motorhaube zu und setzte sich ans Steuer. Der Major kletterte wieder nach oben.

„Haltet euch fest!" rief er.

Der zweite SPz bewegte sich dröhnend auf sie zu. Im nächsten Augenblick wären sie beinahe alle herabgefallen, als das einige Tonnen schwere Fahrzeug erbebte und einen Ruck in die Höhe machte. Doch gleich darauf senkte sich das Heck, und die Ketten hatten wieder Bodenkontakt. Von hinten gestoßen fuhren sie langsam den Weg entlang. Der Motor keuchte und sprang plötzlich an. Schwarzer, stickiger Qualm aus dem viereckigen, mit einem Metallnetz überzogenen Auspuff umfing Schmeljow. „Wenigstens fahren wir endlich!" dachte er.

Auf einer geraden Strecke brachte der Fahrer den SPz auf sechzig Stundenkilometer. Da tauchte vorne eine Betonbrükke auf. Es fehlten keine sechzig Meter mehr bis dorthin. Der Major fuhr plötzlich hoch und drehte den Kopf des Fahrers so heftig, daß er ihm beinahe den Hals verrenkt hätte.

„Nach rechts!" schrie er aus vollem Hals. „Nach rechts!"

Leontjew warf sein Fahrzeug nach rechts, die Böschung hinunter. Jeder hielt sich irgendwo fest.

Erst unten, am Boden der ausgetrockneten, tiefen Schlucht, über die die Brücke führte, sahen auch sie, was der Major als erster erspäht hatte: Der erste Bogen der Brücke war gesprengt.Die Sprengung hatte offenbar erst vor kurzem stattgefunden, denn es gab noch keine Fahrzeugspuren am Boden der Schlucht.

Ihre Spur war die erste.

„Jul!

In Kabul ist das Mondlicht das Zeichen früherer Jahrhunderte und die Ausgangssperre das des unseren. Hier existiert alles bunt durcheinander. Am Himmel sieht man Hubschrauber und Moscheekuppeln. Auf den Straßen Holzfuhrwerke, Kamele, Toyotas, Mercedes sowie Shigulis und Wolgas. Auf den Gehsteigen Frauen, die ihre Gesichter mit grünen und schwarzen Schleiern verhüllen. Neben den Gehsteigen Panzer und MTWs mit unseren Soldaten. Toll! Es klingt seltsam und skurril: Doch dies alles hätte ich ohne den Krieg nie kennengelernt. Ich bin hier ganz Auge. W."

Gegen Abend langten sie im Bereich des Motorisierten Schützenbataillons an. Nach dem vielstündigen Dröhnen der SPz-Motoren schienen ihnen die Stimmen der Soldaten, das Rauschen des Windes und das wütende Gebell zweier Hunde leise und gedämpft, als wären sie in eine wattierte Decke eingehüllt.

Der Major nahm den Bericht des Bataillonskommandanten entgegen und kontrollierte die Tarnung. Dann fragte er nach dem Soldaten Soundso.

Der Bataillonskommandant antwortete: „Er mußte ins Spital."

„Schwangerschaftsuntersuchung?" ertönte die Stimme Schmeljows.

Die Soldaten und die Offiziere lachten. Der Bataillonskommandant präzisierte:

„Mandeln."

Die Soldaten gingen zu den Waschbecken. Von ihrer frischen Gesichtsfarbe war keine Spur zurückgeblieben: Eine dicke Staubschicht bedeckte ihre Gesichter. Auch in den Nähten ihrer Uniformjacken war kiloweise Staub. Der Major sah wie ein Müller aus. Die Soldaten hier wirkten hingegen genauso frisch wie die Ankömmlinge zu Beginn ihrer Fahrt. Jeder von ihnen trug eine kugelsichere Weste, Patronentaschen bedeckten ihre flachen Bäuche.

Am Fuß des Plateaus, wo sich das Bataillon befand, verlief eine belebte Straße. Diese Straße wurde von den Soldaten bewacht. Auf einer Seite des Tals stand ein Posten der afghanischen Armee, auf der anderen der der sowjetischen. Das Leben dieser Straße verlief stürmisch.

„Die Geister haben's heute schon zweimal versucht", sagte der Bataillonskommandant. „Doch offene Angriffe sind für uns kein Problem mehr."

„Und was ist für euch ein Problem?" fragte der Major.

„Die Minen. Wir kommen kaum nach, sie alle zu entschärfen."

Die Straße, deren Teilstrecke sie von oben gesehen hatten, verband den Norden Afghanistans mit dem Süden. Andere Straßen gab es nicht, sie war die einzige. Ihr Zustand war erschreckend: Fahrzeuge mit Treibstoff und chemischen Düngemitteln, schwere Waffen und Linienbusse, das alles sprang, ächzte und litt unter den Schlaglöchern und Minentrichtern der Straße. „Es ist nicht schwer, sich vorzustellen", sagte der Major, „was passieren würde, wenn auch nur ein Teilstück endgültig unpassierbar würde.”

Der Bataillonsstandort war umzäunt. Auf drei Seiten umgaben das Gelände Kampf- und Verbindungsgräben. Am Rand des Geländes stand ein Massivbau aus Stein, so etwas wie eine Kanzlei. Am Nordrand des Plateaus erspähte Schmeljow einen pompösen Abort, errichtet aus grünen Munitionskisten, wie sie auch auf ihrem SPz transportiert worden waren. Überall standen Fässer mit Sand: Schutz vor Kugeln und kleinen Splittern.

Der Abend war zauberhaft. Auf dem dunklen Email des Himmels glitten die letzten rosa Schatten: Die Sonne versank hinter den Bergen des Irans.

Rattattattatta ... eine MP-Salve zerstörte die Idylle. Die Soldaten rannten zu den Feuerstellungen. Der vor Schreck erstarrte Schmeljow hörte einen kurzen, lauten Knall: Aus einer 50 mm Leuchtpistole schoß eine Leuchtrakete mit Fallschirm in den Himmel.

Der Major war bereits im Graben der Panzerabwehrrohrschützen.

Die Gewehrschützen bezogen ihre Stellungen und machten sich als erste ans Werk: Leuchtspurmunition zog dünne, strahlende Fäden über das Tal.

„Nach links – hundert!” hörte man jemanden schreien. „Nach links – hundert!”

Die Leuchtkugeln zeigten das Ziel. Die Kanonen zweier SPz schalteten sich ein. Ihre Schüsse übertönten alles. Die Schußgeschwindigkeit war umwerfend. Die Explosionen auf dem weit entfernten, von SPz beschossenen Abhang blitzten fast gleichzeitig mit den Schüssen auf.

Schmeljow hatten den ersten Schreck überwunden. „Wo bleibt das Gegenfeuer der Geister?” fragte er sich. „Warum schießen nur wir?”

Neben einem SPz erschien ein magerer Mann mit einer

riesigen Filmkamera. „Was macht denn der da?" Der Mann mit der Kamera stürzte zum Graben und begann die gespannten Gesichter der MG-Schützen sowie die MG-Rohre zu filmen. Dann legte er sich auf den Rücken und richtete die Kamera auf die über seinen Kopf hinwegfliegenden Geschosse der SPz-Kanone, das heißt auf ihre Leuchtspuren.

„Ein Film!" begriff Schmeljow plötzlich. „Sie drehen einen Film! Wenn es wirklich gefährlich ist, kommt mir das Lachen, und wenn es zum Lachen ist, so wie jetzt, erschrecke ich. Mit einem Wort: Ich bin ein Neuling."

Das Spektakel endete genauso unerwartet, wie es begonnen hatte. Der Staub, der von den Stiefeln der Soldaten aufgewirbelt worden war, setzte sich wieder. Die Pulverrauchmuster wurden zu den Panzern hin geweht, die von Steinmauern umgeben waren. Der Kameramann und zwei Männer in Luftlandejacken und roten Strickmützen gingen in Begleitung einiger Offiziere in die Kantine. Der Major und der Bataillonskommandant waren ebenfalls dabei.

Auf das Plateau sank die Finsternis der Nacht.

„Nach so einem Diensttag wie heute ist man hundemüde", hörte Schmeljow zwei Soldaten am Waschbecken sagen. „Und dann wollen die Filmfritzen auch noch einen Kampf haben. Und echt muß er auch noch aussehen."

„Dafür wird man dich im Kino zeigen", meinte der andere. „Die Deine wird dich sehen, und wenn du zurückkommst, läßt sie dich vielleicht unter den Rock, hah!" Er lachte laut.

„Liebe Julia!

Von Kabul habe ich Abschied genommen. Jetzt muß ich zu meinem Schützenpanzer rennen. Wir fahren gleich ab. Wolodja."

Am nächsten Morgen befanden sie sich schon am letzten Stück ihres Weges. Die Panzergruppe war dieselbe geblieben, doch vorne war noch ein MTW dazugekommen ohne aufgesessene Infanterie, nur mit Besatzung .

Sie fuhren in Richtung Süden. Über dem Tal strahlte die Sonne. Wie üblich betrachtete Schmeljow die Gegend. Er verliebte sich immer mehr in die Schönheit dieses Landes. Von Zeit zu Zeit schaute er durch ein Fernglas. Wenn ein einsamer Vogel in seinem Blickfeld erschien, begleitete er dessen Flug bis zum Horizont.

Plötzlich wackelte der MTW an der Spitze der Kolonne. Eine durchsichtige Flamme erfaßte das Fahrzeug. Aus dem Turm brach schwarzer, dichter Qualm. Man hörte zwei dumpfe, schwere Detonationen, dann blieb der MTW stehen.

Das Fahrzeug, auf dem Schmeljow saß, führte ebenfalls eine Notbremsung durch.

„Minen!" schrie der Major, sprang auf den Boden und rannte zum brennenden MTW. Hinter ihm folgten die anderen.

Schmeljow nahm seine Ärztetasche, ohne zu wissen, was auf ihn zukam. Inzwischen kroch einer der Bordschützen aus dem brennenden MTW. Er war von Blut und Ruß beschmutzt. Er wälzte sich über die Panzerung, fiel auf den Boden und drehte sich dort vor Schmerz um die eigene Achse. Sein linker Arm war verstümmelt, scharfe Splitter standen aus dem zerfetzten Ärmel hervor. Schmeljow lief zu ihm hin und versuchte, ihn ruhigzustellen. Er sah, daß der Arm zwar nicht mehr zu retten war, daß der Brand der Knochen aber noch verhindert werden konnte. Er zog sein Bajonett hervor und trennte den verletzten Teil des Armes ab. Er war gerade dabei, eine Aderpresse anzulegen, als sich plötzlich neben ihm auf der Erde ein zweiter Soldat wälzte, der ebenfalls aus dem brennenden Fahrzeug gesprungen war. Beide Beine waren durchschossen. Ohne den Arm fertig abzubinden, ließ Schmeljow den Bordschützen liegen und rannte zum zweiten Verletzten. Dieser brüllte nicht, sondern stöhnte nur und verdrehte die Augen. Schmeljow erkannte, daß ihm nicht mehr zu helfen war. Beide Beine waren zerfetzt, kein Knochen war ganz geblieben. Und dieselbe Gefahr des Brands der Knochen.

Er preßte den Soldaten mit dem ganzen Gewicht seines Körpers auf den Boden und machte sich an die Arbeit. Der Soldat schluckte verzweifelt den heißen Wind, während Schmeljow operierte. Qualm, Schweiß und die nahen Flammen schlugen ihm ins Gesicht. Die Arbeit war hart. Blutig. Höllisch. Doch Schmeljow hatte Kraft. Noch nie zuvor hatte er eine derartige Kraft in sich verspürt. Er preßte den Verletzten mit dem ganzen Gewicht seines Körpers auf den Boden und operierte.

Er kam in Rage.

Als er mit dem einen Bein fertig war, nahm er sich das zweite vor.

Ringsum waren Schreie zu hören. Die Flammen knisterten, die Motoren dröhnten.

Als er mit der Amputation fast fertig war, kletterte der Fahrer aus dem MTW. Sein Gesicht war blutüberströmt, sein Haar sah aus wie verbrannter Filz. Doch er hielt sich gut, erteilte Befehle und kümmerte sich um den zerstörten Turm des MTW.

Der Fahrer war kaum verletzt. Er hatte nur leichte Prellungen und Verbrennungen erlitten. Das Blut auf seinem Gesicht stammte von dem toten Bordschützen, der neben ihm gesessen war. Doch Schmeljow hatte nur noch Amputationen im Kopf und begriff nichts mehr. Er stand vor dem Fahrer.

Er sah seine brennenden Augen, das Blut, das von seinem Kinn tropfte, biß sich in die Unterlippe und erhob sein Bajonett.

Der Fahrer wollte zurückweichen.

Doch der Leutnant der Medizin war schneller.

Er packte den Kerl am Kopf, preßte ihm den Hals mit einem Würgegriff zusammen und begann die inzwischen gewohnte Operation. Doch diesmal am Hals.

Er wollte dem Fahrer den Kopf abschneiden!

Die Soldaten standen wie versteinert da.

"Break!" brüllte der Major aus ganzem Hals. „Halt! Zurück! Schnell!"

Er stürzte sich auf Schmeljow, doch es gab keine Kraft, die diesen von seinem Opfer hätte losreißen können. Die plötzlich wieder zur Besinnung gekommenen Soldaten stießen die beiden um, setzten sich auf sie wie auf gefangene Wölfe und schlugen dem Leutnant sein Bajonett aus der Hand.

Schmeljow begann plötzlich zu lachen, fletschte die Zähne und sägte mit der leeren Hand in der Luft herum. „Gleich! Gleich!" schrie er, „gleich!" und sägte die Luft.

Solange die Soldaten ihn hielten, röchelte er und sägte.

Zwanzig Minuten später landete der per Funk herbeigerufene Hubschrauber, nahm alle an Bord und startete in den heißen Himmel.

Im Spital untersuchte ein Chirurg die beiden Verletzten und bestätigte, daß die Amputationen notwendig gewesen waren.

Als er an der Irrenstation vorbeiging, fügte er hinzu: „Schade, daß alles so geendet hat. Schade. Obwohl – wie schon die Menschen der Antike sagten – Hoffnung gibt es auch noch auf Gräbern."

Der ehemalige Unterleutnant des *Begrenzten sowjetischen Kontingents* in Afghanistan, Wolodja Schmeljow, lag in einer Zwangsjacke mit dem Gesicht zur Wand auf einem schmalen, harten Bett und starrte auf die Wand. Wahrscheinlich dachte er an die Wand.

Wenn alles vorbei ist

Am 15. Mai 1988 kehrte ich mit dem Kommandeursfahrzeug aus Djallalabad nach Kabul zurück. Der MTW des Oberst Juri Starow fuhr an der Spitze der Kolonne. Die Kolonne bestand aus dreihundertzehn Panzern, Zugmaschinen, SPz und MTWs. Das war die erste „Genfer" Kolonne. Es gab keine Agentur auf der Welt, die nicht darüber berichtet hätte.

War das das Ende des Krieges?

Der Start der Kolonne wurde von zehn UNO-Beobachtern überwacht. Wir waren alle gleichzeitig angekommen. Die Flugzeuge waren ohne Licht geflogen, selbst im Passagierraum war es finster gewesen. Die Landungen erfolgten mit Hilfe von Leuchtgeschoßen. Kurz vor Morgengrauen schlugen ein Dutzend Raketen auf der Route dieser „historischen Kolonne" ein. Trotz des Beschusses, der turbulenten Nacht und der Abfahrtsvorbereitungen, sahen alle sehr gut aus. Die Soldaten und die Offiziere strahlten wie geputzte und geschmierte Waffen.

Nach Hause! Wenn ein Krieg zu Ende geht, freuen sich nicht alle.

Wer auf eine militärische Laufbahn gehofft hat, ist traurig.

Wer Schwarzhandel mit Waffen und Geld getrieben hat, ist entrüstet.

Wer zentnerweise Drogen in die Sowjetunion geschmuggelt und dort verkauft hat, gerät in Panik.

Doch die meisten freuen sich.

Die Kolonne zog sich einige Kilometer lang dahin. Wir fuhren unter dem Abriegelungsfeuer der Raketenartillerie.

Von oben deckten Kampfhubschrauber die Kolonne. Es ging nach Hause, ins eigene Land ...

Die Kolonne passierte die fremden, zerstörten Kischlaks: niedergerissene Zäune, eingeschlagene Holztore, Ruinen von Lehmhütten.

Wird das Leben wieder hierher zurückkehren? Und wann? Wir fuhren an ehemaligen Reisfeldern mit stinkendem, stehendem Wasser vorbei.

Wir fuhren an ehemaligen Zuckerrohrplantagen vorbei: Stacheldraht, Schilder mit dem russischen Wort „Minen".

Wir fuhren an ehemaligen Gärten vorbei: Schwarze, verbrannte Baumstümpfe, ekelhafte, spähende Kondore.

Wir fuhren an einem einst sauberen, schönen Fluß vorbei: zerstörte MTWs im tosenden Wasser, einzelne Panzerketten, Dieselachen und Blechstücke an den Ufern.

Vorbei. Vorbei. Vorbei.

Ich saß oben auf der Panzerung auf und blickte nach vorne. Vorwärts.

Man sollte an all diese entsetzlichen Dinge denken. Es war notwendig, über meine Landsleute, über die Soldaten, die hier ihren frühen Tod fanden, nachzudenken, und über eine Million tote Afghanen. Über dieses verstümmelte Land. Über jene, die überlebt hatten und jetzt heimkehrten. Über diesen schrecklichen Krieg, der, obwohl er nun zu Ende war, noch nicht der Vergangenheit angehörte, sondern zusammen mit den Soldaten in ihren Herzen und Seelen, auf ihren Rücken heimkehrte. Über die menschliche Dummheit und über das menschliche Los, über die Folgen dieses Krieges für die ganze Welt und unsere zwei Länder. Über vieles Ähnliche mehr.

Doch ich dachte nur an Lappalien.

Die Panzer rasselten, die Hubschrauber im Himmel dröhnten, die Raketenartillerie heulte, und ich dachte an Lappalien. Ich dachte daran, daß dies wahrscheinlich der einzige Krieg auf der Welt war, in dem man im Laufe von neun Jahren nicht von einer einzigen Liebesgeschichte gehört hatte. Von einer Liebesgeschichte zwischen einem ausländischen Soldaten und einer einheimischen Schönen. Oder eine ähnliche Geschichte, wie sie sonst jeden anderen Krieg ein wenig menschlicher machen. Selbst den dreckigsten.

In diesem Krieg fehlte sogar das. Es gab also keinen einzigen Lichtblick.

Nach zehn Stunden Marsch kam die Kolonne ohne Verluste wohlauf in Kabul an. Fünf bis sieben Stunden später, nach kurzer Rast und einer Kundgebung, sollte sie weiter in Richtung der Staatsgrenze der UdSSR fahren.

Und ich mußte noch den letzten Redaktionsauftrag ausführen und eiligst ein Interview mit Persönlichkeiten des öffentlichen Lebens Afghanistans vorbereiten:

Über die Aussichten der revolutionären Umgestaltung der Republik.

Über den festen Glauben und den Optimismus dieses Volkes.

Spät am Abend erreichte ich die Villa meines sowjetischen Freundes. Ich reinigte mich vom schweren, weißen Staub und machte mich an die Arbeit.

Das Arbeitszimmer, in dem ich die bereits aufgenommenen Interviews bearbeitete, lag im Erdgeschoß. Mein Freund ging in den ersten Stock schlafen. Auf dem Gebetsteppich lag eine geladene Maschinenpistole, unter dem Kopfpolster eine Pistole. Zur Selbstverteidigung.

Mein Zeitplan sah folgendermaßen aus: Zwischen fünf und sechs Uhr die Arbeit abschließen, den Text korrigieren und telephonisch nach Moskau durchgeben. Um acht Uhr dreißig: Abfahrt.

Zwei Explosionen ertönten gleichzeitig.

„Boden-Boden-Raketen."

Das nächste Raketenpaar war schon näher. Die Fensterscheiben klirrten, die Hunde heulten auf. Wie üblich provozierte der Raketenbeschuß MP-Salven. Es war eine chaotische Schießerei. Die Schießenden versteckten sich hinter den Lehmzäunen. Ich versuchte, mich zu konzentrieren. Doch das starke MP-Feuer zerstörte selbst die gewohntesten revolutionären Phrasen.

Ich legte die Feder aus der Hand und stand auf. Die durchbrochenen Vorhänge ließen Licht durch. All diese Zeit hatte ich eine gute Zielscheibe geboten.

Ich schaltete das Licht aus, da das am sichersten war. Doch im Dunkeln konnte ich nicht schreiben, und so mußte ich wieder das Licht einschalten. Die Schießerei hörte nicht auf. Ich packte alle Papiere, meinen Block und begab mich direkt auf die Toilette. Dort schaltete ich das Licht ein, verschloß die Tür und machte es mir auf der Kloschüssel Marke „Admiral" bequem.

Den Block legte ich auf die Schenkel, ein Blatt Papier darauf und setzte fort: „Nur unser Glaube an die revolutionären Ideale ..." .

Die MP-Salven ratterten unvermindert, doch jetzt klangen sie leiser und gedämpfter. Bei Raketenexplosionen erbebte nur die Tür der Toilette ein wenig. Ich ließ mich dadurch nicht stören und schrieb weiter. Das Licht war hell, es schrieb sich leicht und schnell. Allerdings wurde mein Rücken etwas steif. Doch wenigstens konnte niemand auf mich schießen. Und ich riskierte nichts.

Die vollgeschriebenen Blätter stapelte ich neben meinem rechten Fuß auf.

Manchmal las ich diese oder jene Seite noch einmal, bevor ich weiterschrieb. Der Haufen fertiger Blätter wuchs. Die Schießerei hatte schon längst aufgehört. Die Stille wurde vom schrillen Schrei eines Muezzin zerrissen: Er rief hinter der Mauer der benachbarten Villa, rief die Gläubigen zum ersten Gebet.

Es war also fünf Uhr morgens.

Die Arbeit war getan.

Ich salutierte: Ich ließ das Wasser dreimal herunter und verließ die Toilette.

ANMERKUNGEN

[1] Das *Begrenzte sowjetische Kontingent* in Afghanistan. Diese Bezeichnung sollte andeuten, daß es sich hier nur um einen begrenzten Einsatz handelte.

[2] Damaliger Chef des Generalstabs der sowjetischen Streitkräfte.

[3] Taraki war Mitbegründer und bis zu seiner Ermordung im September 1979 Generalsekretär der DVPA. Innerhalb dieser gehörte er wie Amin der *Khalq*-Fraktion an. Nach der Ermordung Tarakis wurde Amin Generalsekretär der DVPA und Staatspräsident Afghanistans, bis auch er am 27.12.1979 umgebracht wurde.

Babrak Karmal gehörte ebenfalls zu den Gründern der DVPA. Im Jahr 1967 wurde er Führer der *Parcham*-Fraktion. 1977 schlossen sich die *Parcham*- und die *Khalq*-Fraktionen wieder zusammen, worauf es Taraki gelang, Amin auszubooten. Dem folgte 1978 der neuerliche Ausschluß der *Parcham*-Fraktion aus der DVPA.

Karmal kehrte im Oktober 1979 aus Prag nach Afghanistan zurück und bereitete Amins Sturz vor. Vier Tage vor Amins Ermordung kam er nach Kabul. Sein entscheidender Radioappell wurde jedoch vom Radiosender des Hauptquartiers der 40. sowjetischen Armee nach Afghanistan ausgestrahlt, der sich allerdings als *Radio Kabul* ausgab. In dieser Sendung wurde der Sturz Amins bereits verkündet und sowjetischer Militärbeistand zur Stabilisierung der Lage in Afghanistan angefordert.

[4] Marktstände, Kioske.

[5] Allah ist groß! Allah ist groß! Tod den Sowjets! Tod! Tod!

[6] Die afghanischen Rebellen wurden von den sowjetischen Soldaten „Geister" genannt.

[7] Offizielle Bezeichnung für sowjetische Soldaten, die im brüderlichen Ausland zum Einsatz kommen.

[8] Russischer Schwertransporter.

[9] Mittelasiatisches Dorf.

[10] Grün bezieht sich hier nicht auf die Vegetation, sondern auf die Farbe des Islam.

[11] Lasttransporter.

[12] Mittelasiatische Bauern.

[13] Freiwilliger, unbezahlter Arbeitseinsatz, in der Sowjetunion üblicherweise am Samstag.

[14] Gesamtsowjetischer Leninscher Kommunistischer Jugendverband.

[15] Demokratische Jugendorganisation Afghanistans.

[16] Verantwortlicher für das von amerikanischen Soldaten im Vietnamkrieg verübte Massaker von My Lai .

[17] Beliebter politischer Berichterstatter des *Zentralen sowjetischen Fernsehens.*

[18] Hauptstadt Tadschikistans.

[19] Beliebter Schnulzensänger aus den sechziger Jahren.

[20] Damaliger Verteidigungsminister der UdSSR, der Nachfolger Ustinows, der für die Kriegsführung in Afghanistan den Titel „Held der Sowjetunion" erhalten hatte.

[21] Gemeint sind hier die Regierungsjahre des Leonid Breschnjew.

[22] Raum für politische Versammlungen und Schulungen, den es in jeder sowjetischen Kaserne gibt.

[23] Ideologisierter Gemeinschaftsraum.

[24] Alla Pugatschowa, eine sowjetische Popsängerin.

[25] 2 cm Fliegerabwehrkanone.

[26] Fliegerabwehrrakete.

[27] Amerikanische Fliegerabwehrrakete.

[28] Britische Fliegerabwehrrakete.

[29] Der Prominentenflughafen von Moskau.

[30] Alexander Dowschenko war ein bekannter sowjetischer Filmregisseur der Stalinära. Die Produktionen des nach ihm benannten Filmstudios waren meist kitschige Massenware.

[31] Die eleganteste Straße von Kiew.

[32] Bedeutender russischer Arzt und Chefchirurg der Sowjetarmee.

[33] Nikolai Rörich (1874-1947), russischer Maler, Schriftsteller und Archäologe, lebte seit 1920 in Indien.